信念に生きる

ネルソン・マンデラの行動哲学

Mandela's Way
Fifteen Lessons on Life, Love, and Courage

リチャード・ステンゲル
Richard Stengel

グロービス経営大学院 訳
Graduate School of Management, GLOBIS University

英治出版

Mandela's Way

Fifteen Lessons on Life, Love, and Courage

by

Richard Stengel

Japanese translation rights arranged with Crown Archetype,
an imprint of the Crown Publishing Group,
a division of Random House, Inc. through Japan UNI Agency, Inc., Tokyo

信念に生きる――ネルソン・マンデラの行動哲学

序文

アフリカには「ウブントゥ（Ubuntu）」という概念がある。
これは「私たちは他者を通してのみ人間として存在する」という意味だ。「他の人々の功績や貢献のお陰で、自分はこの世で何かを成し遂げることができる」という考え方である。

本書の著者、リチャード・ステンゲルはこの概念の本質的な意味を、そしてわが祖国の歴史を深く理解している素晴らしいジャーナリストである。私の自伝『自由への長い道』を編纂する際、彼がもたらしてくれた多大なる貢献に私は心から感謝している。リチャードと私は、多くの時間をともにし、語り合った。それを一冊の本にまとめるのは簡単なことではなかったが、今ではかけがえのない思い出となっている。

リチャードは、世界がいまだに直面している複雑なリーダーシップの問題に、深い洞察を与えてくれている。混迷を続けるこの世界に生きるすべての人にとって本書がなんらかの助けになれば幸いである。

二〇〇八年一一月　ネルソン・マンデラ

訳者まえがき

グロービス経営大学院　研究科長
田久保　善彦

「ネルソン・マンデラ」という名前を知らない人はいないだろう。南アフリカ共和国で一九九四年に全人種による総選挙が行われるまで、アパルトヘイトとよばれる人種隔離政策と戦い続け、自ら同国の大統領となり、一大改革を成し遂げた人物である。

南アフリカは南アフリカ連邦と呼ばれていた時代から、人種隔離政策が存在した国であった。同国の人種差別の思想は、一九世紀後半から二〇世紀初頭にかけて二度にわたって行われたボーア戦争以来、イギリス人とアフリカーナー（オランダ系入植者の子孫）が激しく対立していたことにまで遡る。一九四八年には、白人と、黒人やインド人などの非白人を差別（人種隔離）する法律が制定され、強力に推し進められることになった。これがアパルトヘイト政策である（そもそも、アパルトヘイトという言葉はアフリカーンス語で、「分離、隔離」という意味である）。

アパルトヘイトが、自分が生きているこの世界に存在することを初めて知ったのは、中学校のある授業でのことだったと思う。日本という国に生まれ、人種差別とは無縁の世界で育った私には、遠いアフリカの地で、そのようなことが行われていることは、本当に衝撃的だった。子ども心に、日本人はカラード（有色人種）だが、名誉白人という扱いになる、という先生の話に強い違和感と、そんな社会はおかしいという憤りを感じたことを覚えている。そして、ネルソン・マンデラが大統領になった一九九四年、大学院生だった私は、人種隔離政策がなくなる、自分が生きている間に中学の授業で習ったことが劇的に変化をする、ということに感動したことを明確に記憶している。

そんな思い出から年月が経ち、私はいま、グロービス経営大学院で教鞭を執っている。必修科目の「企業家リーダーシップ」というコースの内容の改訂にあたって、取り上げるべき優れたリーダーを検討した際、最初に頭に浮かんだのが、ネルソン・マンデラその人だった。

これ以上ない過酷な状況に耐えながら、自らの人生を賭して、アパルトヘイト撤廃という志を実現し、一国を大きく変革したマンデラについて、学生に思いを馳せて欲しかったのだ。

そして、マンデラについて調べる中、学長の堀義人が南アフリカ大使館に勤務するグロービス経営大学院の学生（当時）からプレゼントされ感銘を受けたという本書に出会い、思いがけず翻訳をさせていただくご縁をいただいた。

本書は二〇〇八年に発売されベストセラーとなった、*Mandela's Way: Fifteen Lessons on Life, Love, and Courage* の全訳である。数あるマンデラ関連の書籍の中でも、マンデラ個人のリーダーシップや生き方に焦点を当てたものは珍しい。偉大なリーダーが何を考え、何を大切にしながら一大改革を成し遂げてきたのかを学ぶための絶好の書といえるだろう。

本書が示すように、マンデラは、どんな時も前向きに、自らが信じた社会の創造に向けて、可能性を信じ、アパルトヘイト撤廃を成し遂げた。そして彼のコミュニケーションスタイル、洞察力、常に準備を怠らない姿勢、相手を尊重する態度など、マンデラはリーダーが持つべき要素を自らの努力で開発してきた。これは、若いころは暴力に訴えてきた時代があったことからしても、生まれながらに持ち合わせた資質ではないことは明らかである。

マンデラの素晴らしさは、それだけではない。「人格は厳しい状況の中でこそ許られる」という彼の有名な言葉に表れているように、二七年間もの間、刑務所に入れられても、報復や復讐といった気持ちを自らの努力により排除し、「南アフリカをひとつに」という夢のみを追い、人格を磨き、信念、志を持ち続け、ついに彼は夢を実現したのだ。厳しい状況の中で、心折れずに、事を成し遂げるためは、それを支える信念や志の存在が非常に重要なことは、本書からもご理解いただけるだろう。志を持つことによって自分が思っている以上に人間は強くなれるのだ。少なくとも私はそう信じている。

グロービス経営大学院は、「社会の創造に挑み、変革を導くことができるビジネスリーダー」の育成をミッションとし、そのために、ＭＢＡ（Master of Business Administration; 経営学修士）のスキルだけでなく、どう生きていくか、自分の人生で何をなしえたいのかという「志の醸成」を非常に大切にしている。志醸成のために様々なセッションやコースがあるが、マンデラについても議論する必修科目の「企業家リーダーシップ」の最終回では、総決算として全ての学生が自らの志についてクラスメイトにプレゼンテーションを行い、仲間の前でコミットするのである。ここで発表した志の実現に向け多くの学生、卒業生が日夜努力している。まさに、自らの人生を切り開き、社会に貢献していくために。

世界が大きく変化し、日本を取り巻く環境も激変する昨今において、本書を通じて一人でも多くのビジネスパーソンが、マンデラの志や信念、そしてリーダーシップに触れ、前向きでポジティブなエネルギーを持ち、周囲を巻き込み、行動していく勇気を得ていただけたら、それは訳者にとって望外の喜びである。

最後に、本書の翻訳・出版に当たっては、英治出版の原田英治さん、山下智也さん、グロービス経営大学院の同僚である嶋田毅さんに大変お世話になった。心から感謝申し上げたい。

二〇一二年九月　翻訳チームを代表して

信念に生きる◆目次

多面的な人物

「英雄などめったに存在するものではない」と知りつつも、われわれは皆、英雄に憧れるものである。

ネルソン・マンデラは、純粋な意味で、「英雄」の名にふさわしい最後の人物と言えるだろう。自己犠牲と厳格な精神を、笑顔の中に秘めた象徴的な英雄。多くの人にとって、彼はいわば生ける聖人である。マンデラ本人は、「私は聖人とは程遠い」と、謙遜ではなく心から否定するに違いない。なぜならマンデラは、清濁併せ呑む力を持つ、多面的な人物だからだ。

マンデラは、多くの矛盾を内包している。強靭だが、傷つきやすい心の持ち主であり、人の気持ちを推し量る思いやりに溢れているかと思えば、身近な人に対しては無頓着な面がある。金には執着しないが、チップを渡すときは一コインまで数えてから渡す。虫を踏んでしまわないようそっと足をよけるほど殺生を嫌う一方で、彼はＡＮＣ（アフリカ民族会議）の最初の武闘派リーダーである。

田舎風の質素さを好む一方、有名人に囲まれることも好む。人を喜ばせることが大好きな一方で、躊躇なく「ノー」と言うことができる。自らの功績でないことで称賛されることは好まないが、実際に自分が行ったことは適切にアピールする術を知っている。どんな階層の人とも分け隔てなく接するが、最も身近にいるはずのボディガードの名前は覚えていない。

マンデラは、アフリカの王と英国貴族を思わせる風貌を持ち、絹のガウンをまとったヴィクトリア朝の紳士をも思わせる。ディケンズ（英国の作家）の作品をたしなむ教師たちが教鞭をとる植民地の英国式学校で、エレガントな立ち居振る舞いを習得したのだ。頭を少しかしげ、腕をすっと差し出し、道を譲る。そんなときの彼の動きには無駄がなく、実に美しい。

「無駄な動きをしない」ということを初めて意識したのは、民族の伝統儀式で割礼を受けた一六歳のときだったかもしれない。ずっと後に、ロベン島［ケープタウンから一二キロ沖合にある島］の刑務所での日々の生活を通しても、厳しい制約条件の中で、ミリ単位の正確さで無駄なく振る舞うことの重要性を体得した。また、ロンドンやヨハネスブルグでは銀食器を使って食事をするが、故郷のトランスカイにいるときは習慣に従い手を使って食事をする。

マンデラは細部にまで気を配る。箱から取り出したティッシュを一枚一枚たたんでからポケットにしまう。靴下を裏返しに履いていたことに気がついたときには、インタビューの途中でも、靴を脱いで履きなおす。

刑務所時代、約二〇年にわたり獄中で書いたすべての手紙を清書し、かつ、誰から手紙を受け取り、いつ返事を出したかの詳細なリストを作成していた。

キングサイズのベッドの片側で寝起きし、反対側にはしわ一つ残さない。夜明け前に起き、毎朝、ホテルでも自宅でもかまわず自分自身でベッドを直す。マンデラが自分でベッドメイキングしている姿を目のあたりにして、慌てるホテルマンを何人も見たことがある。時間に厳しく、ルーズさは人格的な欠陥であるとすら考えている。

マンデラは、座っているときも、人の話を聞くときも、じっと静かに同じ姿勢を保つ。指を動かしたり、足をゆすることなど一切なく、ただひたすらじっと動かない。インタビューの途中で、ネクタイやジャケットのしわを直したり、マイクを取り付けたりするとき、銅像と向き合っているのではないかと錯覚するほどだった。あまりにも不動で、呼吸さえもしていないかのように思え、あたかも写真と話しているかのような印象を持ったことさえある。

マンデラは、あらがえないほどの魅力を持った人間だ。会う人、会う人を、様々な方法で虜にしてしまう。「親切な人」「エレガントな人物」「チャーミングな男性」――いろいろな言葉で彼を表すことができるが、「人を引き付ける力を持っている人」という表現が最もしっくりくる。その磁石のような力は、実は彼の周到な準備から生まれるものなのだ。人に会う予定があるとき、マンデラは相手のことを知るために、事前にできる限り調査し準備を怠らない。例えば、刑務所を出た直後の記者たちとの面談で、誰が何を書いたかを正確に把握しており、一人ひとりに対して的確なコメントを出したことがあった。前もって、すべての記事を微に入り細に入り読み込んで準備をしていたのだ。

他の多くの魅力的な人がそうであるように、マンデラは相手に関心を示し、自ら心を開く。そうするうちに相手もマンデラに引き付けられることになるのだ。

マンデラは、政治指導者としての魅力と、人としての魅力を兼ね備えた人物だ。政治指導者としての魅力とは、つまり、人々を感化する力があるということだ。彼自身も、自分には

「伝える力」よりも、「感化する力」があると考えていた。人の心を動かすためには、「論理（理性）」と「人間性（感情）」が必要であり、マンデラの場合はその両方が武器になった。ときには、論理のみを用いて命令することもあったが、「何かをさせるために命令する」のではなく、「自ら行うように感化する」ことを重視していた。

マンデラは、人に称賛され好かれたいと願っていた。「マンデラは思った通りの人だった」と言ってもらいたい、人をがっかりさせたくないと考えていた。そのため、彼は常に最大限のエネルギーを注いでいた。マンデラは、すべての人に対して、全人格を捧げて接するのだ。そんなマンデラでも、肉体的な疲労には勝てない。体力の限界に達すると、目がうつろになり、立ったまま眠っているかのような状態になる。そんなときは、睡眠が彼の特効薬になる。夜一〇時、極度の眠気と疲労感に襲われてベッドに倒れこむ。その八時間後、早朝六時にはすっきりと目覚め、二〇歳若返ったかのようにエネルギーに満ちあふれたマンデラに生まれ変わっているのだ。

そんなマンデラの魅力も全方向に発揮されているわけではない。見知らぬ人には親切である一方、家族に対しては冷たい一面がある。慈悲深く善良な笑顔とともに人々を迎え入れる一方で、その笑顔を家族に見せることは少ない。家族からみたマンデラは、生真面目で厳格な物わかりの悪い、古臭いヴィクトリア朝時代からのアフリカの典型的な父親といったところだ。

触れられたくないことを質問されると、彼は口角を下げる表情をし、拒否のサインを送ってくる。ごり押ししても無駄、すぐに話題を変えたほうがいい。彼は石のように押し黙り、心を閉ざしてしまうだろう。彼のそういうサインを見逃してはならない。今まで順調に行われていたインタビューが、一瞬にして難しいものになってしまうのだ。

マンデラには、物欲というものがあまりない。車や時計、立派なソファーには、ほとんど興味がない。しかしながら、お気に入りの万年筆だけは例外で、ボディガードを車で一時間走らせてでも買いに行かせる。

自身の子どもたちに対して、金銭的にはかなり甘い父親だ。しかし、ウェイターにチップをはずむことはない。

彼とヨハネスブルグの高級ホテルのレストランで昼食をともにし、最高のサービスを堪能したことがある。支払いは、ゆうに一〇〇〇ランド［一ランドは約一〇円］を超えていた。帰り際、マンデラは、手のひらの小銭をいじり、結局、ほんの数枚のコインをチップとして置いて立ち去った。マンデラが立ち去った後、私は気づかれないように、ウェイターに一〇〇ランド紙幣をそっと手渡した。このようなことは珍しいことではない。

マンデラは、自分の信念を決して曲げようとしない。「これはあってはならないことだ」というセリフを何度聞いたことだろう。

警備員が執務室の鍵を開けるのに手間取っているとき。デクラーク大統領［在任期間は一九八九年～一九九四年］と憲法改正交渉のテーブルについているとき。

国内外問わずどんな問題に対しても、彼は常に一定の調子で「これはあってはならない」と主張する。ロベン島の刑務所に収容されていた長い間も、監視人や所長に対して、彼はこの言葉を何度となく繰り返さざるを得なかった。「これはあってはならないことだ」

マンデラにとって、不公平な物事を許せないという思いこそが、力の源泉になったことは間違いない。アパルトヘイトという不公平の極みのような政策に対してマンデラは、「これはあってはならないことだ」という判断を下したのだ。そしてその判断は、彼のすべての活動の原動力となった。「あってはならないこと」ならば、「あるべき姿」に変えていこう。目の前に、あってはならない不公平があるならば、変えていこうではないか。

＊

どうして私はこのようなマンデラについての逸話を語っているのか。それは幸運にも彼の自伝執筆のプロジェクトに関わることができたからだ。このプロジェクトは三年近く続き、その間、私はほぼ毎日マンデラに会うことができた。旅に随行し、食事をともにし、ときには、彼の靴ひもを結んだり、彼がネクタイをしめるのを手伝ったり、日々の様々なことを共有した。私たちは、人生と仕事について語り合うことに多くの時間を費やすことができたのだ。

マンデラとの出会いは、幸運な偶然だった。私が初めて南アフリカを訪れたのは、他のジャーナリストが直前にキャンセルした代わりを務めるためで、本当に偶然だった。これがきっかけとなり、アパルトヘイト下の南アフリカの小さな村の様子を一冊の本にまとめた。この本がマンデラの自伝プロジェクトのメンバーの目にとまり、私は彼の自伝を書くという栄誉に浴することになったのだ。

一九九二年の一二月、マンデラに会うために私はヨハネスブルグにいた。当時、南アフリカは内戦勃発の危機に直面しており、国内情勢は困難かつ危険をはらんでいた。マンデラが刑務所から出所してから三年も経っていない頃で、マンデラの政治的な基盤はまだ安定しておらず、南アフリカ史上初の民主的な選挙の実現に向けて邁進している最中だった。自伝プロジェクトは、彼の「やるべきリスト」の一番目ではないことは明らかだったにもかかわらず、マンデラは、彼には語るべきことがあり、彼自身の物語を語りたいと考えていた。

ヨハネスブルグでは、マンデラに面会するまで約一カ月待ち続けなければならなかった。やっとのことでこぎつけた最初の面会で、なんと私は自伝プロジェクトを壊しかけてしまった。その日、私はANC本部のマンデラの執務室の待合室でマンデラが現れるのを待っていた。ふと顔を見上げたとき、マンデラが反対側の廊下の向こうからやってくるのが見えた。スローモーションのようにゆっくりと近づいてきた。最初に私の目をとらえたのは、彼の金色に輝くキャラメルがかった美しいなめし皮のような漆黒の肌だった。素晴らしく美しい表情、すっと高い頬骨、そしてアジア的ともいえる骨格。すらりと伸びた手足。身長はゆうに一九〇センチはあるだろうか。

マンデラが近づいてくると、思わず私は立ち上がった。

「君が例の……」。マンデラがそう言い、「はい。リチャード・ステンゲルです」と私が自己紹介すると、彼は握手を求めてきた。マンデラの手は肉厚で温かく、そして乾いていた。彼の指はウインナーのように太く、皮膚には長年の強制労働の跡が刻まれていた。

彼は私をじっくりと観察し、「君は若者だね」と笑顔で言った。「ワカモノ」という言葉を特に強調したような気がした。私は成熟した人間ではない。私自身もそれはわかっていた。

それから、彼は私を執務室の中に招き入れた。そこは広々としており、整然とした空間だった。あまりに整然としすぎていて、映画のセットかなにかのように見えるほどだった。小柄でエネルギッシュなアシスタントの女性が、持ってきた書類を差し出しながら、マンデラと会話を交わした。マンデラは、渡された書類をゆっくりと、慎重に手に取り、椅子に座って読み始めた。さっと書類に目を通すのではなく、文字通り、一字一句読んでいたのだ。すべて読み終えると、最後のページに署名をした。その手つきがあまりにも丁寧なので、まるで、まだ不慣れな署名を練習しているかのように見えるほどだ。マンデラの立ち居振る舞いは、このようにすべてがゆったりとしている。

それから彼はソファーと向かいの革張りの古い肘掛椅子に腰を下ろして、私にいつ南アフリカに到着したのかと尋ねた。彼の声は、まるで、くたびれたトランペットの音のように響いた。

「南アフリカには私の本の件で来たのかい。それとも何か他の用事で」とマンデラが聞いた。私は正直がっかりしてしまった。自伝プロジェクトのために南アフリカまでやってくることにあまり意義を感じてくれていないのではないかと思ったからだ。「あなたの自伝のために私は南アフリカにいるのです」と答えた私に、マンデラは言葉を発するかわりに、動作で「なるほど」と答えた。

そして、「一二月一五日からは休暇に出かける。休暇に行くまでには、まだ一〇日ほどあるし、自伝執筆の取材の時間を、四日間から五日間程度確保してあるから、その間で執筆の目途をつけたい」と彼は言った。

南アフリカについてから一カ月の間、どうにか彼と会おうと何度も電話をかけ、事前の調査や用意に多くの時間を費やしてきた私は、このとき、自分の感情を抑えることができなかった。思わずやや激しい口調で、彼にこう言ってしまったのだ。

「四日間、たったの四日ですか？　そんなもので本が書けるとあなたは思っているのですか？　そんな短い期間で、あなたの生きてきた人生を本当に語ることができると思っていらっしゃるのですか？」

マンデラとのほんの一〇分足らずの面会の中で、私は「あなたは現実を見ていない」ということを恐れ多くも伝えてしまったのである。マンデラは、少し怒ったように片方の眉をしかめながら、私の顔を見つめ立ち上がった。私は、それを「帰りたまえ」というサインと受け取った。すると、マンデラは彼の机に戻り、アシスタントに電話をかけてこう言った。「ここにステンゲル氏がいて、仕事のスケジュールについて検討しているのだが……」。続けて私に、「午後には予定があって、余裕をもって行動したいのでね。あとは月曜の朝にアシスタントと話をしてくれたまえ」と言った。

そこで私は執務室から退散した。もう二度とここに招き入れてもらえることはないだろうと感じながら。

月曜日の午後になって、アシスタントから「明朝七時にお越しください」という電話があった。翌朝七時きっかり、マンデラと私は、前回と同じ場所で同じように向き合っていた。「始めよう」マンデラは裁判の開始を告げる裁判長のように厳粛な態度でそう言った。私は居住まいを正しながら、「はじめに、この間の私の態度に対して謝罪をさせてください」と切り出した。

「先日の私の態度は、なんといいますか……」。私は適切な言葉を探しながら続けた。「粗暴だったといいますか……」。私の言葉は、大げさで、不自然に聞こえたに違いない。マンデラは私を見つめ、「君の言いたいことはとっくにお見通しだ」とでもいいたげな含みのある笑顔を見せた。

「この間の我々の会話が粗暴だったというなら、君は、相当繊細な若者だということかな」

「ソ・ボ・ウ」と、大げさに発音されたような気がしたので、私は思わず微笑んでしまった。二七年間もの間、非人間的な扱いを受け、激しい暴力に耐えながら刑務所で過ごすことを余儀なくされたマンデラ。それ以前にも、テロリストとして警察や軍隊に追われる身であった。白人至上主義の国において、黒人として人間以下の扱いを受けてきたこと。それらすべてを粗暴と呼ばずに何を粗暴と呼べようか。

振り返ってみると、私たちの友情は、この瞬間に生まれたのだと思える。以降、約二年間にわたって、七〇時間を超えるインタビューを重ねた。しかしそれ以上に、四六時中ともに過ごした時間の重みは計り知れないものがある。

自伝プロジェクトの当初から、会議、行事、休暇、国家元首としての訪問旅行など、可能な限りマンデラのそばにいようと決めていた。ホートンにある彼の自宅でも多くの時間を過ごした。生まれ故郷のトランスカイ、そしてアメリカ、ヨーロッパ、アフリカ諸国へも一緒に旅した。政治キャンペーンや交渉の場にも、いわば彼の影となって同席させてもらった。その当時のことを記録した、ゆうに一二万語からなる私の日記が本書のもととなっている。

マンデラと過ごした時間は、単に「貴重な体験だった」などという言葉では到底言い表すことはできない。彼と過ごした人なら皆、マンデラとの時間は、まさに「至福のとき」だと言うだろう。存在自体が輝いていて、オーラがある。そのオーラが、一緒にいる私たちをも包み込み、そのおかげで自分も、ほんの少し良い人間になったように思え、胸を張りたくなる。

マンデラは、基本的には楽観的な人間で、自分自身を信じている。他者に対しては寛大で、かつ楽しい人物である。世界の歴史を塗り替えるような重大な決断が彼の両肩にのしかかっているときですら、その困難を楽しみながら乗り越えていける人物だ。そんなマンデラと時間を共有するということは、すなわち歴史的瞬間に立ち会っていることを意味する。

私はインタビューを通して、まさに彼の人生の一部に潜りこむことになった。彼の考え方や、彼の心の奥底を覗くことができたのだ。後に私は、南アフリカ出身の妻と知り合い結婚するに至るのだが、二人の縁を結んでくれたのはマンデラで、私たちの最初の息子の名付け親になってくれた。

私は、マンデラのことが大好きだ。今思えば、私の人生に起こった数々の素晴らしい出来事は、マンデラからの贈り物だ。自伝のプロジェクトが終了して、別れがやってきたとき、私はあたかも自分の人生から太陽が消えてなくなってしまうのではないかというほどの喪失感に襲われたものだ。何年にもわたり日常的に会い続けていたおかげで、特に、私の二人の息子にとってマンデラは、いつもそばにいてくれるやさしいおじいさんのような存在にまでなっていたのだ。

本書は、私がマンデラからもらった貴重な時間と体験への感謝の印である。そして、実際に彼と会うことができない多くの読者の方々に、本書を通してマンデラの寛大さと知恵を共有することで彼にお返しをしたいと願っている。

＊

ネルソン・マンデラは、生涯を通して多くの賢人たちに師事した。彼に一番大事な教えを授けたのは、刑務所であった。刑務所が、われわれが今日知るマンデラの人格形成に重要な役割を果たしたことは疑いの余地がない。

マンデラは、人生やリーダーシップについて、様々な方面から学び取った。彼を自分の子どものように育てたテンブ族の王。生涯の盟友であるウォルター・シスルやオリバー・タンボ。そして歴史上の賢人たち、たとえば、ウィンストン・チャーチルやエチオピア皇帝のハイレ・セラシエ一世、さらにはマキャベリやトルストイが残した多くの言葉など。

しかし何よりも、刑務所で過ごした二七年の月日こそが、マンデラの屈強な人格を形成し余計なものをそぎ落とす役割を果たした。そこでの生活は、彼の中に、自己の鍛錬と節制、集中力を植え付けた。これは、マンデラ自身がリーダーに欠かせない資質だと考えているものであり、この経験によって、彼は全人格的な自己形成を遂げることになった。七一歳で出所したマンデラは、四四歳で入所したときのマンデラとは別人になっていた。

マンデラの服役中にANCのリーダーを務めていた、彼の友人であり、同じ弁護士事務所の同僚でもあったオリバー・タンボは、マンデラの人となりをこう評する。

「ネルソン・マンデラは、押しが強く、熱血漢、しかし繊細な人物である。そして、侮辱や不公平な物事に対しては、ただちに反応せずにはいられない正義の人だ」

刑務所から解放された後のマンデラは、少なくとも表面的には、押しが強い熱血漢で繊細、物事にすぐに反応せずにはいられない人物、というような形容詞があてはまる人物ではなくなっていた。マンデラ自身も「熱血漢」「押しが強い」「繊細」という表現を好んでは使わない。マンデラが他者を肯定的に評価する際によく使うのは、「深い洞察力を備えている」「忍耐強い」「バランスがとれている」という形容詞だ。他人を評価する際に使う言葉は、自分の価値観の表れであるから、マンデラ自身も自分のことを表す際に、このような言葉を使うに違いない。

では一体どのようにして、熱血漢の革命児が、深い洞察力を備えた忍耐強い人物になったのだろうか。

まず、刑務所の中では、物事に対する反応を抑え込まなければならなかった。そこでは、自分でコントロールできるものはほぼ何もなかった。唯一、自分でコントロールできたのは、自分自身だけだったのだ。感情をむき出しにすることや、過剰な言動や規律違反は一切許されない。プライバシーなど存在しない。ロベン島に今もある、彼の独房を見学したとき、私は思わず言葉を失った。そこは、そもそも一人の人間が居られるような物理的な広ささえなかった。ましてや、マンデラの大きな体躯《たいく》では、身体をかがめなければ寝ることすらできないほどだった。

ほんのわずかな余地もない独房でマンデラは、自分自身の感情はおろか、身体すらも自由に開放できなかった。すべては、この小さなスペースに整然と収まっていなくてはならなかった。マンデラは、持ち込むことを許されたほんのわずかな所持品を、朝晩毎日、丁寧にあるべき場所に整えていたそうだ。結果として、刑務所が今日のマンデラを文字通り「形作った」と言える。

その一方で、マンデラは日々、刑務所の管理者たちと立ち向かっていた。彼は、受刑者たちのリーダーであり、その役割を担う責任があった。弱腰にならないか、妥協する素振りをみせはしないかと、マンデラの行動は常に他者の注目の的だった。そのため、いつも自分の言動に注意を払わなければならなかった。

物理的に隔離されてはいたが、刑務所内には一つの社会が形成されており、マンデラはその中で、ある意味、外の社会以上にリーダーシップを発揮することを求められていたのだ。

もう一つ彼が刑務所で手にすることができたもの、それは時間だった。考えを深め、計画を立て、その計画を磨き上げるための多くの時間。二七年の間に、彼は政治のみならず、リーダーとしてどのように行動するべきか、リーダーとは何か、「人間のあるべき姿」とは何を指すのかについて深く考える時間を手に入れることができたのだ。

マンデラは、自分自身の内なる感情や考えについて話すという意味においては、あまり内省的な人物ではない。むしろ、自分の感情を見つめるというようなテーマに触れることを嫌がり、ときには苛立つことさえあった。現代的な心理学やセルフヘルプのような手法にはあまり関心がない。彼の人生には、フロイトの精神心理学の入り込む余地などなかったのだ。

そんな彼が子どもの頃の話をしていたときに、一度だけ自分を見つめ返す瞬間があった。

「私は過去にしか生きることができない老人だ」

そんなことをこぼしたのは、新生南アフリカの大統領になり、新しい国づくりにとりかかろうとしていたとき、つまり彼の人生における最大の勝利の真っただ中だった。

「一九九〇年のあなたと一九六二年のあなたの違いはなんですか?」——刑務所が彼の何を

変えたかというのは、私が彼に繰り返し執拗に尋ねた質問だ。これは、マンデラを苛立たせたようだった。彼は、ときには問いかけを無視したり、問題の焦点をずらして政治的な話題に持っていこうとしたりして、答えることを避けようとした。

そしてついに、ある日マンデラは、苦々しい思いを込めて「私は刑務所で成熟したのだ」という答えをくれたのだ。

「成熟した」――マンデラは、この言葉で何を伝えたかったのだろうか。アンドレ・マルローは、彼の自伝で「成熟した人間などほとんど存在しない」と書いている。マンデラは、マルローに賛成するだろうか。

「成熟した人間」――この言葉が、マンデラがどのような人物かということと、マンデラが何を学んだのかという問いに対する答えに近づくための最大のヒントになる。なぜならば、あの熱血漢で、それでいて繊細な男は消えてなくなったわけではないのだから。その男は、今日私たちが見ているネルソン・マンデラの中に生き続けているのだ。

「成熟する」とは、若いときにむき出しにしていた感情を胸の内に秘める術を得ることだ。

「成熟する」とは、決して、不公平や不正に対する怒りや反発を感じなくなってしまうことではない。何をすべきで、どのように行うべきかを知っていることだけが、「成熟している」ということではない。一時の感情を抑え、様々な思考を冷静に判断し、物事をありのままに見ることができる――これこそが、「成熟している」ということなのだ。感情や思考を深めていくことができる成熟した生き方。これが、私たちが生きていくうえで最大の助けになるのだ。

マンデラは、すべての人が彼のような人物になることなど到底できないということもよく知っている。マンデラ自身は、刑務所でさらに強靭な人間になったが、多くの人たちはそこで敗北してしまった。

マンデラは、そのような人々を見て、自分と違う他者を理解することを学び、傲慢な態度で接することは決してしなかったし、負けてしまう者を非難することもなかった。特に、歳を重ねるにつれ、人間の弱さに対しての理解を深めていき、「人間なのだから弱さを見せるのは当然のことだ」と考えるようになった。

マンデラは、ある意味、全人類の権利のために戦ってきたのだ。彼が受けた不当な扱いを、他の誰も受けることがないように。マンデラは、この権利の実現のために、頑として譲らない信念の砦を築いた。厳しい戦いの中でも、ひとときたりとも、他者への温かい気持ちと若い頃に抱いた繊細な思いやりの心を忘れることはないのだ。

今日、ネルソン・マンデラについて言及する際に、比較せずにはいられない人物がいる。それは、もう一人の黒人リーダーであり改革者である、アメリカ合衆国大統領バラク・オバマその人である。

マンデラとオバマには、多くの共通点がある。二〇〇八年に行われた民主党の予備選挙について、ヒラリー・クリントン候補とバラク・オバマ候補のどちらを支持するか、問いかけたことがあった。マンデラは微笑みながら私を指さして、「君は私を困らせたいのだね」というしぐさを見せた。結局、答えはもらえなかった。彼特有の慎重さの表れだ。

この、いつ何時でも揺るがない慎重さは、マンデラとオバマ両者が持っている共通の資質だ。もっともマンデラの場合、この資質を得るのに二七年もの月日が必要だった。アメリカ合衆国の大統領になったオバマの場合は、マンデラ流の慎重さを学ぶのに、それほどの犠牲を払う必要はなかった。

自律的な性格から始まり、他者の意見を聞くこと、成果を分かち合う心、政権運営におけるライバルの登用、リーダーとしての説明責任の重要性の認識など、オバマのリーダーとしての資質は、二一世紀版マンデラ流リーダーシップと言っても過言ではない。

マンデラの世界観は、政治的な民族闘争の中で形成されていったものだ。一方で、オバマの世界観は、民族問題解決後に形成されていったものである。マンデラが、アメリカ合衆国の新大統領についてどう言おうと、オバマこそが、世界におけるマンデラ流リーダーシップの次世代の担い手であることは間違いない。

だがマンデラの生き方は、私たちの世代にとってだけではなく、すべての時代に共通するモデルとなっている。次章から始まる数々の教えは、彼自身が刑務所の中で、そして人生の中で学んだことである。そこには、今日のマンデラがいかにしてリーダーとなり、そして規範的な人間になっていったかが描かれている。無論、われわれすべてがマンデラのような人物になれるとは思わない。マンデラは、それは幸運なことだと言うに違いない。なぜなら、私たちの多くは彼が人生で経験しなければならなかった苦しみを経験しなくてもよいからだ。

しかし私は、ここに書き記したマンデラの教えは、私たちが日常生活を送るうえでも十分な教訓と示唆を与えてくれると明言できる。これらの教えは、私自身の人生を豊かにしてくれたからだ。マンデラにとって、刑務所での生活は、人生とリーダーシップに関する教えが凝縮された生活だったといえる。

読者の皆さんが、本書を通して、マンデラの払わなければならなかった大きな犠牲を払うことなく、人生とリーダーシップについてより多くを学ぶことができるように。——こうした願いを込めて本書を書き綴った。

第1章

勇敢に見える行動をとれ

人はよく、ネルソン・マンデラのことを勇気の象徴のように語る。しかし、マンデラ自身はそうは考えていない。勇気とは、天性の資質だとも、学習して得る単なるスキルだとも考えていない。ましてや、勇敢になるための手軽な方法論など存在するはずもない。なぜなら、マンデラにとって勇気とは、自らの意思によって選択するものだからだ。

変化する環境と異なる状況に置かれたとき、自ら意思決定し、選択したその行動にこそ勇気が宿るというのが彼の持論だ。

マンデラにとって生きることは、まさにその勇気を試される試練の連続であった。我々の多くが知っている彼の試練とは、彼が公的な立場で経験した壮絶な苦難のことである。しかし、マンデラは、勇気というものは日常の場面でこそ発揮されるものだと語る。

一九九四年、ナタール州で、私は彼の言ういわば「日常的な勇気」に接することができた。当時、南アフリカでは、初の民主的選挙の準備期間の真最中であり、政治的暴力が蔓延していた。ズールー族のマンデラ支持者たちが、同じズールー族だが対立していたインカタ自由党の支持者に殺害されるという事件が多発していた時期だった。厳しい状況下だったが、マンデラの意思は固く、ズールー族の支持者に対して演説を行うためにナタール州へ小型プロペラ機で向かった。

現地の空港で落ち合う約束だったが、着陸の二〇分前、空港関係者が私のところにやってきてこう告げた。「飛行機のエンジンの一つが故障で止まっています。このような事態に陥ってもパイロットは事故を起こさず飛行機を着陸させるよう訓練を受けていますが、万が一に備えて消防車と救急車が駐機場に待機します」

マンデラの搭乗した飛行機にはマイクというボディガードが一名、パイロットが二名同乗していた。二〇分後、消防車と救急車が待機する中で、機体を大きく揺らしながら、なんとか無事に着陸した。笑顔を浮かべながらラウンジに入っていったマンデラを待ち受けていたのは大勢の日本人旅行者だった。マンデラはたちまち彼らに取り囲まれ、いつもと変わらない丁寧なしぐさで一人ひとりと握手をかわし、満面の笑顔で写真撮影に応じた。

その間、私はボディガードのマイクをつかまえてフライト中のマンデラの様子を尋ねた。マンデラはフライト時間の三分の二を過ぎたあたりでマイクに近寄り、向かいの窓を指差し「プロペラが動いていないようだ、この事態をパイロットに伝えてほしい」と静かにマイクに指示したという。マイクがキャビンに行くと、パイロットは事態をすでに把握済みで「空港関係者とはすでに連絡済みです。緊急着陸態勢に入っていますので、ご安心ください」と告げられた。

マイクが座席に戻り報告すると、マンデラは静かにうなずき新聞を読み続けたという。飛行機に乗りなれていないマイクは恐怖に震えていたが、まるで朝の通勤電車で新聞を読んでいるようなマンデラの落ち着いた様子を見て、自らも落ち着きを取り戻したと言った。結局、マンデラは飛行機が着陸態勢をとっている間もほとんど新聞から目を離さなかったそうだ。

マンデラが日本人旅行者たちとの握手を終えると、我々はすぐさま防弾仕様のＢＭＷに乗りこみ集会へと急いだ。「フライトはいかがでしたか」と私が尋ねると、マンデラは身を大きく乗り出し、目を見開いて少し芝居がかった調子で告白した。「怖かったよ！　空の上で身の縮む思いだった！」

マンデラのことを勇気の象徴だと考えている人にとっては、マンデラに恐怖心があることを知るのは驚きであろう。しかし、インタビューの中で、マンデラは恐怖を覚えた数えきれないほどの体験について私に語ってくれた。

例えば、リボニア裁判で終身刑を宣告されたときの恐怖。ロベン島で看守が彼を殴ろうと威嚇したときの恐怖。オークシーの小説「紅はこべ」になぞらえて「黒はこべ」と呼ばれて地下組織のお尋ね者となったときの恐怖。政府と秘密裏に交渉を開始したときに感じた恐怖。彼自身を大統領の座に押し上げた選挙前の大混乱の際に感じた恐怖。

マンデラは、自分の恐怖心をあからさまにすることに抵抗を感じていないのだ。彼の勇気に対する考え方がどのように形成されたかを探ると少年の頃まで遡ることになる。

少年マンデラはディンガネやバンバタ、マカナなどアフリカの伝説的英雄の話を聞かされて育った。マンデラが九歳のとき、テンブ族の王に仕える相談役であり地域の首長でもあった父親が亡くなった。その後、マンデラは、ムケケズウェニ村のジョンギンタバというテンブ族の王のもとに預けられた。

ジョンギンタバは、マンデラ少年を鍛錬し、ゆくゆくは、自分の息子が王位を継承する際の相談役にと考えていたのだ。

ジョンギンタバは、アフリカの英雄の系譜を継いでおり伝統的なコーサ族［南アフリカ南東部に住む大きな部族］の儀式を大変重んじていた。この伝統的な儀式の一つに割礼がある。この割礼こそがマンデラにとっては、生涯脳裏に焼きついて離れない体験となる。

一九三四年一月、一六歳のマンデラは、村の二五人のエリート少年とともにムバシェ川沿いの小さな二軒の藁小屋に隔離された。全身の毛を剃られた少年たちは、白い顔料を塗られ、毛布だけを肩からまとったその姿はまるで幽霊のように見えたに違いない。不安と緊張の中、「コーサ族のすべての男が通過しなければならない」という割礼の儀式を待っていた。

割礼は、私的な儀式ではなく、あくまでも公の場で男としての勇気を示す公的な儀式である。王だけでなく首長や友人や親戚が川沿いで見守っていた。イングキビ（割礼士）から割礼を受け、少年たちは一人ひとり勇気を試されるのだ。マンデラは、彼の未発表の日記の中で、当日の様子をこのように記録している。

突然ざわめきがおこる。痩せ細った老人が私の左方向から突如現れ、一人目の少年の前にひざまずいた。数秒後、「ンディインドダ！（男になったぞ）」と少年が叫ぶ声が聞こえた。次に、王の息子で親友だったジャスティスが同じ言葉を叫び、三人の少年がそれに続いた。老人の動きは素早く、気がつくとすでに彼は私の前にいた。私は彼の目を見つめた。老人の顔は青ざめていて、寒さにもかかわらず顔は汗で光っていた。老人は無言で私の包皮をつかみ、引っ張ると槍を一閃した。まるで指輪のような円形の切り口、美しく完璧な切除だった。切り傷は一週間程でかさぶたとなったが、麻酔薬なしの切除はまるで静脈に煮えたぎった鉛が流れるかのような感覚だった。

切除後の数秒間、頭と肩を草の壁に押しつけてなんとかショックを和らげようとしていて決まり文句を言うことなど頭から消えていた。なんとか意識を取り戻し、「ンディインドダ！（男になったぞ）」と叫んだものの、他の少年たちは私よりもずっと力強くはっきりとこの言葉を叫んでいたように思った。

マンデラがこの話をしてくれたのは、その冬の割礼の日から約六〇年も過ぎてからのことだ。話しながら彼が後悔に満ちた悲しげな表情を見せたのは、割礼のときの肉体的苦痛を思い出したからではなく、勇敢に振る舞うことができなかった自分を恥じていたからだ。割礼の肉体的痛みは時間とともに消えるが、果敢に振る舞えなかった自らの心の弱さを知った痛みはその後も消えることがなかった。

「自分は痛みに負けてしまったんだ。力強くあの言葉を叫ぶことができなかったのだ」とマンデラは下を向きながら言葉を紡いだ。「割礼の儀式」で他の少年は自分より勇敢だと思い、自分は生まれながら勇敢な人間ではないということを自覚しなければならなかった。しかし、一体、生まれながらに勇敢な人間などいるのだろうか。そうではないからこそ、どうしたら勇敢になれるのかを真剣に学ばざるを得ないのだ。

このときにマンデラが受けた自分自身に対する失望感は、その後、長く彼を苦しめることになる。しかしこの経験によって彼は、常に強くあろう、弱さを見せない人間になろうと自分自身に誓った。これはつまり、「男になる」という儀式の目的を果たしたと言えよう。

インタビュー開始後の数カ月間は、警察との攻防や地下組織の活動についての話を聞いていた。ある日、私はマンデラに、恐怖を感じたことがあるかと聞いた。

マンデラは私をちらっと見て「もちろんんだ。恐怖を感じないのは愚鈍な者だけだろう。ただ、私は、己の恐怖心を外から悟られないようにするために、ありとあらゆる方法で恐怖心を克服しようと努めてきた」と答えた。

勇気とは、恐れを知らないということではない。抱いた恐れを克服していく意志を持つ。それが勇気なのだ。そうマンデラは私に教えてくれたのである。

一つの事例を挙げよう。一九五〇年、当時ANC議長を務めていた、昔気質のジェームズ・モロカ博士に会おうと、マンデラは自由州［南アフリカの州の名称］を車で訪れた。南アフリカの大統領に送るための抗議内容を記した草案の承認を受けるためだ。その途中、アフリカで最も保守的な自由州の小さな村で、マンデラは白人少年が乗った自転車と衝突事故を起こしてしまう。

少年はショックで気が動転していたが幸いにも怪我はなかった。この状況でまずマンデラがとった行動は、車の助手席にあった新聞『ニューエイジ』を隠したことだった。発禁とされていたこの新聞をANCのメンバーは好んで読んでいたが、当時は発禁出版物を持ち歩いているだけで五年間の禁固刑となる可能性さえあった。

すぐに巡査が現場に到着し、マンデラと少年を見て、「カフィール・イェイ・サル・カク・ファンダフ（カフィール、おまえは、クソでもしていろ）」と言った［カフィールとは黒人のアフリカ人に対する蔑称］。これに対してマンデラは「どこでクソをしてもよいかなどを警官に指示される覚えはない！」と激しく応酬したことを語ってくれた。

そして一瞬沈黙した後、「内心は恐怖にうち震えていたが、私は攻撃的になろうと決心した。世界中を敵に回すほど自分は勇敢なふりをすることはできないが……」

次第に消え入りそうな声でそうつぶやいたのだ。

「勇敢なふりをすること」——これこそがマンデラの勇敢さの定義であり、彼の行動はまさにその言葉通りであった。恐れを感じないというのは愚かな証拠で、勇敢さというのは恐れに負けないことである。巡査がマンデラに向かって歩いてきたとき、マンデラは、「気をつけたほうがいい。自分は弁護士だ。お前のキャリアを台無しにすることだってできるんだぞ」と言い放った。後にマンデラはロベン島での日記に「巡査が私の言葉に躊躇したのを見て、世界の誰より驚いたのは自分自身だ」と記している。このマンデラの脅しが功を奏して、この日遅く、マンデラは釈放され、モロカ議長のもとへ向かうことができたのだった。

マンデラは、一九六三年五月にロベン島へ初めて行ったときのことも話してくれた。当時、マンデラは、許可なく国外へ出た罪に問われ五年間の服役中であった。ある日の真夜中、看守がマンデラを含む数人の服役者に近づいてきて、「ディエ・エイランド（アフリカーンス語でとても美しい場所）」への移動を告げられた。スティーブ・テフという共産党員で怒りっぽい古参の服役者も一緒だった。

島に到着するやいなや、あたかも牛の群れのように扱われた。少し遅れをとったマンデラとテフを見た看守が「よく聞け。おまえたちはここで死ぬのだ。おまえたちの両親も仲間も、ここで何が起こったか、知るよしもあるまい。これが最後の警告だ」と言い放った。待機房に着くと、看守らがアフリカーンス語で脱げという意味の、「トレック・ウイット！　トレック・ウイット！」と叫んだ。

裸になると、看守らは受刑者のうちの一人に徹底的な嫌がらせを始めたのだった。この場面をマンデラはこう語る。

看守が「なぜおまえは髪を伸ばしているのだ？」と受刑者の一人を詰問した。こういうとき、看守はきまって一番おとなしくて、けんかを好まず、蠅一匹殺せないような男を選ぶものだ。目をつけられた男が回答に窮すると、すかさず看守は「お前に言っているんだ！　規則を知っているだろ！　なぜおまえは髪をこの男のように伸ばしているのだ！」と言い、私を指さしたんだ。そこで私は口を開いて「ちょっと……」と言いかけたが、看守が「俺に向かって口答えは二度とするな！」と言いながら私のほうへ向かってきたんだよ。

マンデラはここで言葉を切り、椅子から身を乗り出して遠い目をした。

殴られるとわかっていた。白状しよう。とてもとても恐ろしかった。というのも、受刑者は自分を守ることも反撃することもできないんだ。

しかしマンデラは反撃にでた。

私は看守にこう言ったんだ。「もし私に指一本でも触れたら、最高裁まで持ち込んでみせる。決着がつく頃にはお前はまるでねずみみたいに一文無しだぞ！」すると看守は足を止めたんだ。正直、本当に恐ろしかったよ。これは、自分が勇敢な人間であるがゆえの行動ではなかった。しかしときには、人間は「勇敢に見える行動をする」ことが必要なのだ。

「勇敢に見える行動をする」――勇敢に物事に立ち向かってみることで、真の「勇気」を見出すことがある。そして、その行動こそが勇気の証となるのだ。

獄中において「勇気」とは、日常的に証明していく行動そのものだった。それは、看守に向かって時折見せる公然たる拒絶行動だけではなく、姿勢を正して歩くたたずまい、威厳を保ちつづける心、そして、楽天的な視点と希望を失わない、日々の生き様そのものだった。

一九六九年のある日、看守がマンデラに彼の心を打ち砕くような知らせを届けに来た。長男テンビが交通事故で死んだという知らせだった。収監中にマンデラが自分の独房から出てこなかったのはこの日を含めてほんの数回だけだ。このときは、旧友のウォルター・シスルだけが彼のところに行き、黙って手を握り付き添っていたという。しかし翌日には、マンデラは他の受刑者同様、石灰の採石場に姿を現した。

息子の死はマンデラにとって耐えがたいほど大きく深い悲しみだったが、看守にも他の受刑者に対しても、自分が単に悲嘆にくれて何も手につかなくなっているような人間ではないことを行動で示さなければならなかった。勇敢に見える行動をする。それしか選択肢はなかったのだ。

マンデラのような偉大な人物と会うとなると、たいていの人は緊張するだろう。しかし、当のマンデラ自身も人と会うときはとても神経質だ。

マンデラが初めて南アフリカの大統領と面会をしたときも、とても神経質になった。ボタ大統領［在任期間は一九八四年～一九八九年］はその厳しさと横暴な態度、そして独裁体制から大ワニの異名を持つ。収監期間も残り一年となったある日、マンデラは収監されたＡＮＣのメンバーとして初めて南アフリカの国家元首に会う機会を得た。

何を言うべきか、どう振る舞うかべきかを事前に何度も頭の中で描いたそうだ。マンデラは、この面会の主導権を自分が握りたいと考えていたのだ。そのために、マンデラは落ち着いてゆったりとした歩調で執務室を歩き、大きな微笑みを浮かべながら、大統領と固く握手を交わし挨拶をした。このマンデラの親しみやすさと気取らない態度によってボタ大統領の警戒心は解かれた。これは、何度も頭の中で描き練習を積み重ねた行動の成果であった。彼は、ここでも勇敢に見える行動をとったのだ。

一九八〇年初め、マンデラがロベン島から釈放される直前、一人の受刑者がＣ区に収監されている全政治犯にシェイクスピア全集を持ってきて、好きな一節に印をつけるよう言ったことがある。マンデラは躊躇せず、ジュリアス・シーザーの第二幕第二場に丸をつけた。

臆病者は現実の死を迎えるまでに何度でも死ぬものだ。勇者にとって死の経験はただ一度しかない。世の不思議はいろいろ聞いてきたおれだが、何が解らぬといって、人が死を恐れる気持ちくらい解らぬものはない。死はいわば必然の終結、来るときには必ず来る、それを知らぬでもあるまいに。

（『アントニーとクレオパトラ』所収、福田恆存訳、新潮社、一九七二年）

臆病者は自分を勇敢に見せるような文章を選ぶだろう。しかし、マンデラが選んだこの一節は虚勢を張るためのものではなく、単に現実を述べた箇所だった。勇敢に振る舞うことで、勇者になれるというだけでなく、すでに勇者の仲間入りをしているのだ。

マンデラは勇敢さを、選ばれた者だけが持つ資質だとは思っていない。もちろん試練の大小の違いはあるものの、人間は皆それぞれの立場で何かしらの試練と直面しているのだ。

マンデラは自身の獄中生活の方がずっと長かったにもかかわらず、彼の前妻ウィニーの方がずっと勇敢な人物であると評している。彼の収監中に刑務所の外で起こる日々の問題に対処しなければならなかったのはウィニーだった。アパルトヘイト下、日々困難な状況に立ち向かいながら、二人の娘を育てなければならなかったのだから。

マンデラが勇気のある者に対して贈る最大の賛辞は「よく成し遂げた」である。彼がこの言葉を使うのは、同志が素晴らしい勇士であったとか、命を賭けて最大限の努力を尽くしたとか、そういう状況を称えている訳ではない。むしろ、日々続く困難な状況下において、恐怖心に負けることなく不安に苛まれながらも確固たる自己を失わない、そのような勇敢さのことを表しているのだ。

こうした勇敢さこそ、私たちが行動で示していくべき勇敢さであり、私たちにはそれができるのだ。そして幸いにも、私たちに求められているのは（マンデラの経験したような試練に立ち向かう勇気ではなく）こうした日々の勇気ある行動なのである。

第2章

常に冷静沈着であれ

　ある日のことだ。マンデラと一緒に防弾仕様のＢＭＷの後部座席に座っていると、運転手が道に迷ってしまった。道に迷うこと自体はよくあることで、運転手は他の車に追いつこうと、必死にタイヤを軋ませながらカーブを曲がりはじめた。すると、マンデラは後部座席から身を乗り出して運転手に、「おいおい、落ち着きなさい」と告げた。

「落ち着きなさい」

　問題が発生したとき、マンデラは常に冷静沈着である。別の言い方をすれば、「マンデラが問題に対して冷静さをもたらす」のだ。

　冷静さを欠くということは、物事に対するコントロールを失うことであり、それはすなわち、事態収束から遠のいてしまうことを意味する。

アーメッド・カタラーダは、マンデラとおよそ三〇年もの間、刑務所で過ごした。その間、冷静さを失って怒りをあらわにするマンデラを見たのは、たったの二度だったと証言する。その二度とも、刑務所の看守たちが、彼の当時の妻ウィニーを侮辱したときであった。時と場合によっては、会話に熱が入り、興奮するときもある。しかし、それはめったにないことで、「何事もよく考えなくてはならない、そして即座に反応してはならない」と言う。

マンデラは、政治の世界でも、個人的な領域でも、特に緊張度の高い状況においてこそ「冷静さ」は欠かせないという。難しい問題が発生したときこそ、拙速《せっそく》にならずあらゆる可能性を考慮に入れて、冷静沈着に向き合う。そして、熟考の末に答えにたどり着く。リーダーは、そういう姿を見せるべきだと考えているのだ。

一九九三年当時、南アフリカは、先の見えない不透明感に覆われていた。マンデラが新憲法制定と総選挙の日程設定に向けて、新政府との交渉を進めている一方で、国内には新しい体制を覆そうという動きが生まれていた。その勢力の中には、再結成の動きを見せていた極右軍事勢力も含まれており、彼らは暴力手段に訴えようとしていた。一方、ＡＮＣ内部にも、マンデラのリーダーシップを保守的で政府との距離が緊密すぎると疑問視する勢力がいた。彼らは、ＡＮＣの武闘派トップのクリス・ハニをはじめとする若い世代のリーダーを擁立すべきだと考えていた。

当時、クリス・ハニはマンデラに続くリーダーで、常に軍服と軍帽を身にまとい、ダイナミックなイメージを印象づけていた。それは、マンデラが人々に与えるイメージとは正反対だった。

マンデラは、「過去の出来事を忘れて、許そうではないか」と静かに語る。一方、ハニは、「過去を忘れてはならない。あくまでも、対抗していくべきだ」と大きな声で叫ぶ。「白人社会の築いた伝統的な経済体制を維持する」とマンデラが述べると、共産主義者であるハニは、「富の平等な分配のためには新しい枠組みが必要だ」と訴える。


事実、ANC内部では、将来の政党および国のリーダーは、マンデラではなく、当時五一歳の若きリーダー、クリス・ハニであると考えていた者も多かった。

南アフリカは、まさに白人と黒人の間の市民戦争の勃発の危機に瀕していたのだ。白人の極右勢力は、戦争のための武装準備を開始しており、ハニに代表される左派の中には、民衆に武力闘争への準備を呼びかけるものもあった。人種間戦争の悪夢が、正夢になる寸前だった。

この年の四月、私たちはマンデラが生まれ育った南アフリカの農村部、トランスカイにある彼の家に出かけた。家は、彼が生まれた崖の近くにあり、L字形をした簡素な建物だ。

マンデラはこう言ったことがある。

「すべての人は、自分の生まれた場所の近くに家を持つべきだ」

その家は、緑が繁り、ごつごつとした岩がのぞくなだらかな丘陵地帯に建っていた。幼い頃マンデラはこのあたりでよく遊んだ。一つ興味深い事実がある。この家には、一九九〇年に釈放される直前まで収容されていたビクトル・ヴェルステル刑務所の建物の面影があるのだ。

一度このことについて彼に質問をしたことがあるが、彼は笑ってこう答えた。

「私はあの刑務所の建物が大変気に入ったので、トランスカイに家を建てることを決めたとき、刑務所の看守から、建物の地図と図面を入手したんだ」

家は、大通りから離れたひっそりとした場所にあった。質素な鉄製の扉と玄関への小道があった。雑踏から離れてはいるものの、むろん、歴史的著名人の家である。近隣に住むショールを羽織った女性たち、杖をついた老人たちなどが、散歩の途中に、腰かけたり前庭で立ち話をしたりする場所になっていた。

ある者はマンデラに敬意を示すために、ある者は施しを乞うために、またある者はその両方のためにその場所を通った。人々は、一〇〇年も前から変わらぬ日常を過ごしている。事前の約束も何もなく、ただただ、彼らはそこにやってくるのだ。

トランスカイにいるときのマンデラは、都会にいるときに比べてリラックスし、ゆったりしているように見えた。周囲の人は必ずしも彼に同意はしないが、マンデラは、自分は田舎の人間だと自認していた。

確かなのは、故郷でのマンデラは、遠い若き日のマンデラを彷彿とさせるほど輝いていたということだ。生まれてこのかた自分の家から五キロ以上離れたこともないような近隣の人々とのたわいのない会話を彼は本当に楽しんでいたのだ。母語のコーサ語で冗談を言い合ったり、お馬さんごっこをして子どもを背中に乗せたりする。マンデラは笑顔に包まれていた。田舎では五〇年以上もこのような暮らしが続いているのだ。

トランスカイ滞在中に、マンデラのお気に入りだったのが、早朝に山に散歩に出かけることだった。通常、四時半ごろに目を覚まし、五時から五時半ぐらいに散歩にでかけた。だいたい三時間から四時間ほど歩き、九時から一〇時ごろに戻る。ここに滞在しているときは、私は可能な限り彼の早朝散歩に付き合うことにしていた。

あれは、四月一〇日だったと記憶している。夜明け前、五時五分ほど前に彼の家に到着した。家の前に停車中の車内には、二名のボディガードが音楽を聴きながら待機していた。この季節にしては寒く、車の窓ガラスは息で白く曇っており、中にいるボディガードが両手を寒さしのぎにこすっているのが見えた。五時一〇分、マンデラは、お気に入りの黒と金のトレーナーに身を包み、家から出てきた。そして、南の方向に歩きはじめた。

マンデラは、毎朝違ったルートを散歩した。そうして、自分の子ども時代に過ごした場所を歩き、また、自分がまだ知らない場所を偶然に発見することを楽しんだ。彼は、重要な場所に連れて行ってくれたり、そのいわれを説明してくれたりもした。その朝も、いつものようにボディガードが同行していた。前に二名、後ろに二名というのが通常のフォーメーションだった。

私は、マンデラから三メートルほど離れて横について歩いた。三メートルという距離は、話をするにも、一人で歩きたいときにもほど良い距離だ。マンデラにとって、散歩は一種のメディテーション（瞑想）のようなもので、大体の場合、彼は黙々と歩くのだった。

一時間ほど歩いただろうか、丘の近くの小さなロンダベルに着いた。ロンダベルとは、マンデラが育ったような藁の屋根が覆う土でできた円錐形の家だ。壁は牛の糞でできており、床は土だ。近隣の人々はまだそのような家に住んでいるのだ。そのとき、民家の中から、ちょうどマンデラと同じような年頃の女性が、不審そうな顔をのぞかせていた。

そもそも近所の人が、マンデラだとは気がつかないこともよくあった。地方の役人が視察にでもきているのだろうと思っていたのだ。女性は、腰に手をあてて、マンデラに向かって、あなたたちは歩いてここまで来たのかと尋ねた。マンデラはそうだと答えた。女性はマンデラの足元を見て、ならば朝露に靴が濡れていないのはなぜか、と聞いた。この女性はマンデラの靴に朝霧がついているかどうかで、彼が本当に徒歩でここまでやってきたかを確認しようとしたのだ。マンデラは自分の乾いた靴を見ながら笑い出した。これがまさに、マンデラの呼ぶ「田舎の人の知恵」なのだ。

八時になり、太陽が輝きだし、気温も上がってきた。マンデラは、歩けば歩くほど、元気が増してくるようだった。歩き出しはゆっくりだが、歩みを進めるにつれ、歩幅は広くなり確かなものとなっていった。逆に、彼について歩く私たちは、彼より若いにもかかわらず、歩けば歩くほど疲労が増すのだ。

四時間ほどかけてかなりの距離を歩き、私たちが家に近づいていたそのとき、マンデラは、向こうの丘を指さした。そこは、先祖の村〈フヌ村〉の方向で、視線の先には白いレンガ造りの廃墟の跡が見えた。

「あれが私の最初の学校だ」マンデラはそう言った。

「教室はたった一部屋。両側に小さな窓がついていた。床は土だったよ。屋根はトタンで、雨がふるとぽたぽたと雨音が響いていた」

この学校では、生徒全員に英国風の名前を付けており、最初の担任だったムディンガネ先生が、「ネルソン」という名前を彼につけたという。


マンデラは校舎の裏側に周り、円周二三〇メートルほどの大きな円形の石を指さした。ここで子どもたちは、ティーカップのお皿ほどの大きさの平らな石を探し出して、その上に腰を掛けて乗り、大きな石の上から滑り降りるという遊びをしていた。そして、制服のズボンをすり切らせては怒られていた。「私も母によくお仕置きをされたよ」とマンデラは言った。

ゆうに四時間以上歩いて私たちは帰宅した。家の前では、五、六名のスタッフがそわそわと待ち構えており、居間に入ると、さらに一〇人ほどがすでに座って主の帰りを待っていた。マンデラはいつものように皆に丁寧な挨拶をした。私は、インタビューの準備のために書斎に先に入り、数分後に入ってきたマンデラに「あの人たちはどんな人たちですか」と尋ねた。「お腹を空かせてドアの所にいたんです」と家政婦のミリアンが説明した。マンデラは、彼らをあたかも正式な来客のように丁重に扱った。

ミリアンが朝食の準備をしている傍らで、マンデラは、「さあ始めよう」と言った。二〇分経っただろうか、一人のボディガードがノックした。

「なにか用事か」ボディガードは、「イーストロンドンのラグビーチームのメンバーが前庭にお揃いです」とコーサ語で告げた。「そうかわかった。そうだったな」と言いながら、少し億劫そうにインタビュー用のマイクを外した。そういえば、昨日、イーストロンドンのラグビーチームのメンバーが来ていることを知り、挨拶をしようと約束していたのだ。

マンデラは、「時間厳守」を徹底していたが、その一方で、このような挨拶や突発的なミーティングに対応するために、今やっていることを中断することも厭わない人間だった。好きで中断しているのではなく、ある種の物事は起こったその瞬間に対処してしまったほうがかえって効率的であるということを知っているのだ。時間を守らない人に対して、

「アフリカ時間」と彼は冗談めかして言うことがあった。

家の入り口付近には、緑と黄色のラグビーのユニフォームに身をつつんだ二五人ほどの黒人の男たちが集まっていた。マンデラは一人ひとりと握手を交わし、短い会話をした。

一〇分ほどたって、電話にでてほしいと家の中から呼ばれたので、挨拶を中断し、まだ片付けの終わっていない汚れた鍋や皿でいっぱいの台所に入っていった。マンデラは、直立不動で電話の向こうの話を聞いていたが、彼の表情がみるみるうちに曇っていくのがわかった。唇の上をしかめているあの表情。何か心配ごとが発生した証拠だ。「ありがとう」と言い彼は電話をきった。

「クリス・ハニが、撃たれた」

誰の仕業ですか、と私は尋ねたが、「まだわからない」と、凍りついたような表情で台所から立ち去った。しかし、彼はすぐに前庭に戻り、何事もなかったかのようにイーストロンドンの選手たちと握手を交わしたのだ。

クリス・ハニの暗殺によって、内戦が勃発するかもしれない。それは、南アフリカの将来を左右する決定的瞬間だった。クリス・ハニを支持する何百万人もの人々が、復讐を誓い、白人と黒人との間の民族戦争を引き起こすかもしれないほど緊迫した状況だ。いかなる手段を使ってもそれだけは阻止しなくてはならない。

しかし、今この瞬間にやるべきことは、家の外にいるラグビー選手と握手を交わし、挨拶を終えること。マンデラは、「今やるべきこと」にまず集中したのだ。

窓越しに、マンデラが何も知らない選手たちと笑顔で冗談を言い合い、挨拶を終えるのを私は見つめていた。マンデラは部屋に戻ると、席に座り「朝食を持ってきてもらえないか」と私に言った。私は台所に行き、出て来た朝食を二人で静かに食べた。マンデラは、自らの考えに深く沈みこんでいるように見えた。

シリアルを食べ終えた後、手帳を開き、ヨハネスブルグに急いで戻る用意をするために近しい人たちに電話をかけた。そして、その同じ日の夕方に、この悲劇について語るためにテレビに出演する段取りをつけようとした。

マンデラは、電話での一連のやりとりを、普段と変わりない威厳ある落ち着いた口調で、てきぱきとこなした。話し終わると、彼は立ち上がり、インタビューを中断することを丁寧に詫びながら書斎から出て行った。

ハニ暗殺という悲劇的な出来事の後、マスコミの記事は、マンデラが「焦燥している」とか、「茫然自失となっている」などと騒ぎ立て、ANCの内部の人間でさえもそのようなコメントをする者がいた。実際には、マンデラは、暗殺がこの国の未来に及ぼす影響について、冷静さと論理的思考をもって熟慮を重ねていた。

私は、このような危機に直面するマンデラを何回も見てきたが、彼はいつでも冷静沈着だった。危機にあっても、マンデラは禅僧のように落ち着いている。まるで何事も起こっていないかのように彼の周りだけは、時間がゆったりと流れているのだ。

その日の夜、マンデラは今回の悲劇についてコメントをするために国営テレビ番組に出演した。一方、当時の大統領デクラークは、新聞各紙に声明を発表したにすぎなかった。マンデラは、自身の政党や支持者の関心事に終始することなく、全国民が感じている恐怖や不安について、そして、将来への希望について、国民に向かって話しかけたのだ。

暗殺発生後、警察は捜索の末に犯人の身柄を確保した。犯人は、ポーランド移民だった。白人アフリカ人の女性が車のナンバーを記憶しており、警察に通報したことが逮捕の決め手になった。

マンデラは、国民へのメッセージを厳かに伝え始めた。

今夜、私は、黒人、白人を問わずすべての南アフリカ国民に心の底から呼びかける。偏見と憎しみにあふれた白人男性が、極めて非難すべき事件を引き起こした。私たちの祖国は、今、大変な危機に瀕している。しかし、一人の勇敢な南アフリカ白人女性が、自らの危険を顧みず、暗殺犯の逮捕に重要な役割を果たしてくれたのだ。

彼女の勇気ある行動のおかげで、私たちは、暗殺者を法の下で裁くことができる。クリス・ハニの卑劣極まりない暗殺は、この国を、いや世界中を動揺させている。私たちは皆、深い悲しみと怒りに包まれている。ハニの暗殺は国家としての悲劇である。肌の色の違いや、政治信条の違いを超えて皆が影響を受けている。

そして、メッセージをこのように締めくくった。

今こそ、われわれ国民が、一致団結すべき重要なときだ。私たちの悲しみと無念、そして、この怒り。これらの気持ちを、われわれの国の持続的な未来づくりに向けようではないか。人民の人民による人民のための、選挙で選ばれた政府づくりに向けて、今、決断しともに行動を起こそう。

マンデラは、その夜の国民への短いメッセージの中で、「規律」という言葉を四度使った。特に、クリス・ハニが軍人であったこと、そして、厳格な規律を守る人物だったということを強調し、南アフリカの全国民が、彼に倣い規律を守ることこそが、追悼になると伝えた。ハニ暗殺後、しばらく続いた危機の間、マンデラ自身も「規律を持った言動」を、自分自身に課していた。

ちょうどこの時期に、南アフリカで史上初の民主的な選挙が行われた。そしてその数カ月前にはすでに、マンデラは南アフリカの将来のリーダーとして認められるようになっていた。後に、南アフリカの大統領となったマンデラは、「ハニ暗殺後の数日間は、南アフリカの自由と民主化にとって最大の危機だった」と語った。

「私の愛する南アフリカで、史上類を見ない規模の人種間全面戦争が起こる寸前だった」。マンデラの冷静沈着な対応が、彼の祖国が最悪の状況に陥るのを未然に防いだのだ。

＊

ときに、「落ち着いている人」という表現が、「退屈な人」という意味につながることがあるが、マンデラは一向に意に介さない。お調子もので感情に波がある人間よりも、退屈でも安定している人間のほうが良いと考えていた。これに関して、マンデラにはお気に入りの逸話がある。

ケープタウンに住むとある女性から届いた手紙の話だ。彼女は、マンデラが釈放された後、市役所の前で行われたあの有名な最初の集会に参加し、彼の演説を聞いたそうだ。手紙には、「マンデラさんが、刑務所から出所されたことはこの上ない喜びです。南アフリカの統一のためにご尽力ください」とあり、続けて、「ただ、あの演説は少し退屈でした」とあったという。

マンデラは、楽しそうに笑いながらこのエピソードを語った。

厚いレンズの眼鏡ごしに、長く単調な演説をたんたんと読む姿を見るかぎりは、マンデラは演説上手とは言えない。

ある日、私は彼にこう尋ねた。

「正直なところ、あなたの演説について、少し退屈だと批判する声がありますが、それについてどう思われますか？」

「君もわかっていると思うが、私は、人々をいたずらに刺激する人間にはなりたくないのだ。

人々は、私が物事に対してどう行動するかを見ている。そして、わかりやすく理論立てて説明してくれるだろうと期待している。私はその期待に応えなければならない。若い頃は、私も血気盛んで、全世界を敵に回しているかのような、声高な演説をしたこともあったがね」

マンデラも若いときは、反体制的な人間だった。しかし今は、目立つことよりも、たとえ退屈だとしても、透明で信頼できる人間であることのほうが大事だと考えている。事実、彼の発言や説明は、明瞭で信頼感を与えている。人々の信頼を勝ち取ることが、表面的な魅力で魅了するよりも重要なことだと考えているのだ。

マンデラの思考法は、相手の力を最大限に利用する柔術の技のようであり、ときに、それが有効な戦術の一つになる。ある日、アメッド・カスラーダは、マンデラが刑務所の中で行っていたチェスの試合についてのエピソードを話してくれた。マンデラは、ロベン島のチャンピオンだった。

カスラーダによると、マンデラは、相手を精神的に追い詰めるタイプの戦略を使って勝負していたという。一手一手の間隔を、あらゆる可能性を考えながら十分すぎるほどゆっくりと指した。相手の出方を観察しながら、わざとゆっくりゲームを進めることもあった。その戦略に相手はリズムを崩されることになるのだ。

マンデラから島のチャンピオンの座を奪おうと躍起になっていたドン・デービスという挑戦者がいた。マンデラは、ドン・デービスを「なかなか面白い男」だったと評する。「権力に対抗して戦った勇敢な男だったが、残念ながらゲームでは私に勝つことはできなかった」。そして「彼はスポーツ選手の資質に欠けていたのだ。ゲームが始まると精神的なコントロールを失ってしまう性格だったんだ」と微笑みながら続けた。「アグレッシブな男だったよ。反対に、私はゲームには落ち着いて臨み、相手が負けてくれるのを待っていたものだ。ドン・デービスは、私の作戦にまんまとかかった」

人の性格というのは、生まれつき備わっているものだと考えられている。しかし、マンデラのケースを見ると、性格とは、自分自身で形成していくものだということがわかる。若いときには、衝動的で怒りに任せた行動をすることが多かった人物が、刑務所時代を経て、めったに怒りを見せることのない穏やかな、いわば、正反対の性格を持つ人物に変わっていった。

意思決定の際には、すべての可能性を吟味し、時間をかけて考える。実際には、すべての原因と結果を考慮に入れて考えることなど、それにかかる時間を考えると不可能なことだ。

しかし、行動を起こす前に、十分に思慮をめぐらせることには替えがたい価値がある。

マンデラは、考えすぎて時期を逃した失敗よりも、考えが足りずに反射的に行動して失敗した傷の方が深いということを、彼自身の身をもって私たちに示しているのだ。マンデラは言う。

「急いではならない。まずはじめに、物事を深く考えて分析しなさい。行動するのはそのあとだ」

第3章

先陣を切れ

マンデラは、人生において常に先陣を切るリスクを負ってきた。もし、彼が兵士なら、塹壕から最初に飛び出して攻撃の先陣を切り、戦場を駆け抜けるに違いない。

マンデラが考えるリーダーのあるべき姿とは、自ら先陣を切ることはもちろんだが、先陣を切っているという事実を他者が理解できるということも含んでいる。マンデラにとって、誰かに「マンデラはリスクを恐れ避けている」と言われることは、一種の恐怖でもある。個人的な関係においても「自ら先陣を切る」ことや、不快な状況や不公平な扱いを受けたときは「声をあげるべきだ」と考えるのも、マンデラ流リーダーシップだ。

「先陣を切るリーダーシップ」という言葉には多くの意味があり、時として文字通りの行動を指すこともある。マンデラが初めてロベン島に到着したときがその一つの例だ。

看守たちの視線や怒号の飛び交う中、マンデラは受刑者の列から一歩前に出て、率先して島に入ることで他の受刑者たちにこの状況下でいかに振る舞うべきか身をもって示した。当初から看守に対して「抵抗の意」を示すよう仲間に伝え、実際に自らの行動で示したのだ。

一方で、「先陣を切るリーダーシップ」とは、注目を浴びるような行動だけを指すのではない。リーダーとして特別な扱いを受けるのではなく、看守や他の受刑者の尿瓶《しびん》を洗うといった行動を皆とともにするということだ。これはリーダーの下に人を作らず、つまり階層を作らないという彼の考え方を表している。

エディ・ダニエルズ（ダニー）は、一九六〇年代初頭に初めてロベン島に来たとき、マンデラが中庭を横切って自己紹介をしに来たことに畏敬の念をもった。そして、ダニー自身がいかにマンデラから刺激を受けてきたかを語ってくれた。マンデラがただ歩くだけで彼の自信に溢れたたたずまいそのものが、他の受刑者の気持ちを高揚させたという。

「あれこそがマンデラの真骨頂だ」とダニーは言う。つまりマンデラは歩き方一つで、先陣を切るリーダーシップを発揮していたのだ。

あるとき、ダニーが体調を崩し、自分の尿瓶を洗うことができなかったとき、マンデラは彼の房を通りかかると、バリーと呼ばれる鉄製のバケツを取りあげ、洗面所で洗ってきてくれたという。他の人間の排泄物を洗うことなど誰が好んでするだろうか。

しかし、翌朝もマンデラはやってきた。彼は刑務所内最大組織のリーダーで、誰かにダニーを手伝ってやってくれと指示できる立場にいたが、「調子はどうだい」などと言いながらダニーの分も洗ってくれたという。

もちろん先陣を切るリーダーシップは「主導権を握る」ことも意味し、重大な岐路に立つ度にマンデラは自ら主導権を発揮した。彼はANCの青年同盟の議長に就任し、一九五二年の不服従抗議運動での志願兵のリーダー格として活動し、また武力闘争に踏み切るという決定に導いたのも良い例だ。一九六三年から六四年にわたるリボニア裁判では死刑宣告を受ける覚悟もした。

結果的に、マンデラは終身刑を言い渡された。マンデラは無罪を強く主張する一方で、人権、自由、不公平な法律のために闘争したという意味では有罪であり、迫害された仲間のために闘った、また政府に対する妨害行為を計画したという意味では有罪であることを認めたのだ。

無罪のみを主張することもできたはずだった。しかし、マンデラにとってそれはリーダーのあるべき姿ではなかったのだ。マンデラは死刑宣告を受ける可能性があることを自覚していたが、しりごみするような素振りは微塵も見せなかった。この裁判の最終弁論で、マンデラは四時間に及ぶ長い証言を行い、一九九〇年に釈放されるまでに公の場で最後に発言した内容を次の言葉で締めくくった。

私は今まで、アフリカの人々にこの身を捧げてきました。白人支配と戦い、黒人支配とも戦ってきました。私には、民主的で自由な社会という理想があります。それは全ての人が平和に暮らし、機会が均等に与えられる社会です。こんな社会で生きたい、そしてこのような社会を実現したいと思っています。そのために、必要とあらば、私は死ぬことさえ厭いません。

マンデラが最後の言葉を言い放ったとき、法廷はしんと静まり返った。これが自分の最後の言葉かもしれないと覚悟をした人物の言葉だった。

しかし、マンデラが先陣を切った行動で一番危険であったことといえば、一九八五年に開始した政府との秘密裏の交渉だろう。当時マンデラはまだ獄中だったが、この行為は過去数十年にわたる彼の政治活動の原則や自らの発言を覆すものだった。裏切り者のレッテルを貼られ、彼独断の行動により孤立し、そして母国を全面的内戦へと突き進ませてしまう可能性もはらんだ危険な行動だった。

しかし、マンデラはいまこそ自らが行動すべきときであり、絶対に避けられない局面ならば、待っているのではなくこちらから向っていこうではないか、と考えていた。一見、突然マンデラが方向転換をしたかのように見えたが、実際のところマンデラが行った多くの決断は、紆余曲折を経る中で考え抜かれた末の結果であった。

*

そもそもの動きはロベン島で一八年過ごした後、一九八二年にマンデラがケープタウン郊外の住宅地にあるポールズムーア重警備刑務所に移監されたときから始まった。

白壁が続く刑務所へは、ステーンバーグ山のふもとから北に向かって、ケープタウンの一本道を行くことになる。前庭の芝生に自転車があるような上品な住宅街を抜けて、その先の名のない道を右に曲がると、そこにポールズムーア重警備刑務所の看板が待ち構えている。

もし快適な刑務所というものがあるとすれば、ポールズムーアこそがそうである。手入れされた庭や花壇のある道をしばらく行くと、背の低いグレーのコンクリートの建物にたどりつく。マンデラはロベン島の自然の美しさや太陽の陽を浴びることを懐かしく思ったが、ポールズムーアには別の種類の心の安らぎがあった。

マンデラの家族にとってここは前の刑務所よりずっと訪れやすかったし、食事もずっとましだった。何よりもポールズムーアは離島ではなく大陸にあり、マンデラはやっと世界とつながったという気がしていた。マンデラはロベン島から一緒に連れて来られたウォルター・シスル、アンドリュー・ムランゲニ、アメッド・カスラーダ、レイモンド・ムフラバの四人の同志とともに建物の三階にある高校のバスケットボールコートほどの大きさの房を共有した。房の外には広いベランダがあり、マンデラはここに庭をつくる許可を得た。

マンデラが投獄されて二二年後の一九八五年には、南アフリカにおける反アパルトヘイト運動はますます激しくなっていった。南アフリカを「統治不能にする」というANCの活動によって黒人居住区（タウンシップ）は戦場と化した。

日々の暴動は夕方のトップニュースとして世界に報道され、組合組織の活動も活発化していた。統一民主戦線（UDF）は、ANCも含む何百もの反アパルトヘイト運動組織の統括組織として、政府に圧力をかけ続けていた。このような状況下で、マンデラの存在は、世界中で反アパルトヘイト運動のシンボルとなっていった。

この年、前立腺肥大と診断されたマンデラは、医者の勧めに従い、厳しい警護のもと、ケープタウンのフォルクス病院へ手術のため入院した。ロベン島で収監中のマンデラは島を離れ大陸へわたることはめったになかったが、数少ない大陸への移動は、マンデラにとっては、苦痛な思い出以外の何物でもなかったのだ。あるとき、マンデラは白人がロベン島に渡る際に利用するボートの船底の荷物部屋に詰め込まれた。白人乗船者は、マンデラやほかの黒人たちに上から、つばをはきかけたという。ロベン島でマンデラは多くの屈辱に耐えなければならなかった。しかし、それらは島の外で受けた侮辱に比べればまだましなものだとマンデラは語った。

しかし、今回は別だ。マンデラはすでに反アパルトヘイトのシンボルになっており、花が飾られ、日当たりもよく、奥まった静かな病室を割り当てられた。看護婦たちはマンデラに対して静かな敬意をもって看護にあたった。手術は成功し、健康の回復をしばらく待ってからポールズムーアに戻った。今までにはありえないことだが、病院の出口に刑務所の准将がセダンで迎えに来ていたのだ。過去の移送には一般の看守がライトバンで迎えにきていた。帰る途中、准将がマンデラに「もう仲間と一緒の房には戻らず、別室になる」と伝えると、マンデラはなぜかと尋ねた。准将は肩をすくめて、それが上からの指示だ、とだけ答えた。

そしてマンデラは、刑務所の一階に位置した、快適な部屋が三つもある新しい監房に移された。ロベン島と刑務所の標準的な監房と比較するとまるで宮殿のようだったが、落ち着かなかった。

なぜ一人だけの別の部屋に移されたのか。いったいなぜ、准将が病院まで迎えに来たのか。政府側の戦略は何なのか。通常であれば、マンデラは抵抗を表明するか公式な質問状を出すところだが、このときばかりは、この変化の理由をありとあらゆる角度から考え抜くことを選択した。そして熟慮するにつれ、この新たな状況は「剥奪ではなくチャンスである」という結論に到達した。仲間から離れて一人になった今こそが、何年もの間、考え温めてきた自らの構想を実行に移す絶好のチャンスであると。

ＡＮＣの立場から見れば異端だが、今こそ政府との対話を開始できると考えたのだ。何十年もの間、ＡＮＣは、「政府がアパルトヘイト法の撤廃に合意し政治犯の釈放に合意するまで、交渉はしない」という方針のもと、政府との交渉を拒絶してきた。

しかしマンデラは、今や世界は変化しており、その変化とともに彼自身も変化する必要があることを悟った。マンデラはすでにこのとき、ＡＮＣは武力闘争だけで政府を打倒することはできないという考えに至っていた。対話だけが道を拓く。今こそ、この信念を実行に移すときだった。

同志とともに過ごす監房では、プライベートな行動は許されない。監房から出るときも、誰かと面会するときも常に同志に報告する必要があった。しかし今、マンデラは一人だ。そして、政府側もこの新たな状況をチャンスととらえていることをマンデラは自覚していた。

このときの彼の決断は大変重要であった。マンデラは彼の人生を賭けて少数民族である白人による支配に対抗し続けてきた。ＡＮＣもまた七三年にもわたり闘争を続けており、そのうち激しい武力闘争は二〇年にもわたっている。その間、貫いてきた原則は、完全に対等な立場同士でなければ交渉などありえず、したがって、当時の政府とはいかなる交渉も不可能だというものであった。

そんな中、マンデラは誰にも相談することなく、過去の歴史を塗り替える準備にとりかかった。彼は、ＡＮＣの絶対的な戦略から外れ、自分を育ててくれた愛してやまない組織、そして、持ちうる限りの忠誠心を感じていた組織から離れようとしていた。

このような状況で、マンデラは用心深く振る舞った。そうせざるを得ない理由があったのだ。政府と対話するという考え自体は初めてのことではなかった。その年の一月に南アフリカのボタ大統領はマンデラが政治的手段としての暴力を無条件放棄することを条件として公式にマンデラの釈放を申し入れていた。マンデラはこの申し入れを即刻拒否し、「自由をもっている人間だけが交渉可能である。よって、自由のない受刑者は契約を締結できない。私も国民も自由ではないこの状況下においては、私はいかなる約束もできないし行わない。国民の自由と私の自由は切り離して考えることはできない」との声明を出した。この断固とした、恐れを知らないマンデラの回答は政府とボタ大統領を困惑させた。

しかし、今回の状況は違った。マンデラは自ら主導権を握り、秘密裏に対話を開始しようと試みた。反アパルトヘイトの動きはますます活発になっており、政府もこのような兆候に気づき始めていた。「死にたくなければ変化に適応するしかない」。ボタ大統領も同胞にそう語っていたという。その一方で、マンデラはこの現状に対してなんらかの行動を今起こさなければ、今後何十年も事態が改善しない可能性もあり、彼自身、待ちの姿勢をとるにはもう若くないと感じていた。そして、この政府との交渉は、世界はもとより、同志や彼の政党にさえも悟られてはならないものだった。そこで、マンデラは当時の司法長官コビー・クツィエに極秘の書簡を送り、政府側と対話を始めたいと伝えたのだった。

進展は遅々としたものだった。マンデラが初めに書簡を送ってから、初回の会談にこぎつけるまでにゆうに二年の歳月が流れていた。マンデラは、政府側がこの提案を検討しているのか否かさえわからないまま、何度も書簡を送っている。そしてついに一九八六年の七月、状況は急展開を始める。

マンデラは、そのときのことを「とてもよく覚えているよ。彼らに手紙を出したのは水曜日。一言『ヴィレムセ将軍と国の重要事項について話し合いたい』とだけ書いて送った」と回想する。

次の日曜日、マンデラはヴィレムセ将軍の刑務所内にある邸宅に呼ばれた。マンデラは将軍に、本当に会いたいのは司法長官だと伝え、これに対して将軍は理由を尋ねた。「ANCと政府の間の交渉に関して提案したい」とマンデラが答えると、すぐさまヴィレムセ将軍はケープタウンにいたクツィエ司法長官に電話を入れた。マンデラによるとクツィエは「すぐにマンデラを連れて来い」と将軍に指示し、囚人服のままのマンデラはケープタウンにあるクツィエの公邸に向かった。公邸での会話は約三時間にも及んだ。

マンデラは対等な立場でない状況で人と対話することを嫌っていたので、囚人服のままでその場に出ることを苦々しく感じていたが、このときばかりは、それは重要なことではなかった。

「そこで、私はクツィエに言った。『ボタ大統領に会わせてほしい』と」。思い出すようにマンデラは語った。マンデラが司法長官との面会を望んだのは、ただ大統領と会いたいと伝えるのが目的だったのだ。マンデラはそれぞれの人物に会いながら階段を一つひとつ上っていった。クツィエ司法長官への要求により、マンデラはついに国の最高意思決定者との会談へと歩みを進めたのだ。それは、世界でもっとも有名な政治犯と、その政治犯を最終的に投獄した本人との秘密裏の会談だった。

この日のマンデラとの会談がいかに歴史的に意義深いものであったかを、クツィエ司法長官はすぐに認識した。なぜなら、この会談を境に一連の出来事が動き出し、マンデラの釈放のみならず、南アフリカ史上初の自由で民主的な選挙へとつながっていったからだ。

＊

先陣を切るリーダーシップにおいて、志をともにする者たちとの距離があまりに離れてしまうのは得策ではない。極秘会談後、マンデラは自分の行動を説明し、賛同を得るために同志に面会を求めた。彼らの部屋とマンデラの部屋との距離はほんのわずかなものだった。しかし面会するには、刑務所長に申請し、その申請はケープタウンの役所を通って、最終的にはプレトリアの政府の判断が必要だった。これら一連の手続きを経て許可されるまでには長い時間がかかったが、その申請の結果、一人ずつ個別に面会するという条件つきで許可がおりた。マンデラはこれには抵抗せずに同意し、まず初めに最も古くからの友人で、同志でありメンターであり、トランスカイから出てきたマンデラに大衆のリーダーとしての資質を見出したウォルターと面会した。そして、政府との秘密裏の交渉について報告した。

マンデラはウォルターのあまり前向きでない反応について、私にこう教えてくれた。

「『基本的には反対ではない。しかし、働きかけは我々からではなく、向こうからしてくるべきではなかったか』とウォルターは言ったんだ。そこで私は、基本的に反対ではないのであればどちらが先に始めても良いだろう。そう考えて自分から始めたと言ったんだ」

マンデラはそれから、ムフラバ、カスラーダ、ムランゲニと一人ずつ面会を行った。カスラーダはウォルターに賛成したが、交渉には反対だった。ムフラバとムランゲーニも同じような反応を見せた。

しかし、ザンビアの首都ルサカを拠点としたANCのリーダーたちの反応は全く違っていた。マンデラがおかしくなったとか、その魂を売り渡したのだ、と言う者さえいた。実際、マンデラの親友でANC議長オリバー・タンボは、マンデラが政府と交渉を始めているという噂を聞き、ひどく懸念して釈明を求める手紙を送った。

マンデラはこれに対して「同志オリバーよ。今政府と議論をしているが、焦点はたった一つだ。ANCと政府との会談について、ただそれだけだ」とだけ伝えたという。交渉開始を決めるということ自体、自分のリーダーシップを危険にさらすも同然だとマンデラ自身はよく理解していたし、それは、ANCの究極のリーダーであり、反アパルトヘイト運動指導者というマンデラの立場を危うくするものだった。タンボ以外にも、マンデラの行動はANCの上層部への裏切り行為にあたるとし、マンデラを裏切り者と呼ぶ者さえいた。事実、組織の中には、すでにマンデラの失脚を試みる者もいた。彼らにとってはこのマンデラの行為は格好の攻撃材料になったのだ。

マンデラは、しばしば「ANCには最終意思決定者が存在しなかった」と述べた。私はマンデラに、最終意思決定者が存在しない組織において、自分自身でリスクを負って物事を決定していった経験について詳しく語ってほしいと頼んだ。マンデラの答えは明確だった。

「リーダーには、一人で意思決定し、行動しなければならないときがある。行動した後に、組織に対しての説明責任を果たすべきときがあるのだ。その結果、組織と対峙しなければならないときに問うべき問いは、リーダーのとった行動が真に活動のためだったかどうかだ。もし政府との交渉を事前に組織に相談していたとしたら、却下されていただろう。そうなれば、このような交渉自体がなかったに違いない」

マンデラにとって、「先陣を切るリーダーシップ」とは、説明責任を伴うことを意味する。マンデラは自分が意思決定をしたのなら、結果責任も自らが負う、という考えの持ち主だ。たとえそれが失敗に終わった場合でも、責めを負うべき人物は明確である。今日に至るまで、ボタ大統領との交渉を開始するという意思決定が、これまで彼が下した決断の中でも、最も画期的だったとマンデラは考えている。ひとたび武装解除の勝利が見込めず、交渉による和解しか道はないと悟ると、マンデラは躊躇することなく戦略の方向転換をしたのだ。

＊

マンデラのこれまでのあり方を見ると、状況が変化すればそれに伴って自分の考えを変えるのが当然のことだった。状況を判断し、ある状況が避けられないと結論づけると、彼は視点を変える。しかし急旋回はせず、まずはあらゆる方向から結果の行方を熟慮し、行動するのはその後だ。一見、彼の行動は唐突に見えるが、マンデラの心の中では、十分考えつくしているのである。

自分たちが望む解決策ではないにしても、避けられないものなら先延ばしにするなというのが、彼が大切にしていることだ。

私がワシントンに同行したときに開催された記者会見で、マンデラは、「今こそアメリカをはじめ、世界の国々が南アフリカに科している制裁を解除すべきである」と訴えた。この方針転換は、ANC内外のマンデラの多くの同志を心の底から驚かせた。

この議題については、それまで何カ月もの間議論されてきたが、膠着状態が続いていた。マンデラが望んでいたことは同志の同意を得ることであったが、それは難しいことがわかった。そこで、彼はこの議題も一人だけで意思決定し行動する道を選んだ。以前、私はマンデラから制裁解除の件については検討中だと聞かされていたが、彼の心の中ではすでに意思は固まっていたのだろう。

マンデラは、一九九九年に大統領の座を降りた後は静かな余生を送りたいと願っていたものの、それは実現しなかった。

当時、南アフリカが抱えていたエイズ問題に直面して、沈黙していることはできなかったのだ。出所した当時は、マンデラはこの病気について浅い知識しか持っていなかった。事実、マンデラは当初、エイズや同性愛に対して古い考えを持っていたが、これは彼の年齢からするといたしかたないだろう。しかし彼の後継者、タボ・ムベキ大統領がエイズ対策で失策続きなのを見て、マンデラは声をあげた。ムベキ大統領は長い間、ＨＩＶとエイズの関係性を否認してきた。そして、そのことが、南アフリカで抗レトロウイルス薬〔ＨＩＶはレトロウイルスの一種〕が患者の手に広く行き渡らない原因となっていたのだ。

二〇〇二年、ついにマンデラは、ヨハネスブルグのサンデータイムズ誌でこう言った。「これは戦争だ。これまでのどの戦争より、そしてどの自然災害より、ずっと多くの死をもたらしている。このように国民が死んでいくときには議論などしている暇はない」。もちろんムベキ大統領は、マンデラのこの発言を快く思わなかった。しかし、マンデラの行動は正しかった。

先陣を切るリーダーシップとは、時に、自らが自らの犯した過ちを認めることでもある。

長い間、手をつけられずにいた問題に気がついたとき、やるべきことは一つ。過去の過ちを認めてやり直すことである。たとえ自分が外野にいたとしても、先陣を切ってリーダーシップをとる。それがマンデラの流儀なのだ。

第4章 背後から指揮をとれ

マンデラは、個人としては人から注目されることが好きだが、集めた注目を常に仲間と共有することも忘れない。マンデラは、リーダーとはある種の象徴にすぎないが、同時に、自分自身は優れた象徴にならなければならないと考えていた。そして、彼一人が常に最前線に立ち続けることは不可能であることも自覚しており、他者に権限委譲をしていかない限り、大きなゴールにはたどり着けないことも十分認識していた。

これをバスケットボールに例えてみると、自分がボールを持っていたいと思いつつも、ゴールにこぎつけるためには、チームのメンバーにボールをパスし、シュートしてもらう必要があるということだ。

マンデラは、チームワークがもたらす効果を信じており、そして、チームの一人ひとりが持っている能力を最大限に引き出すためには、皆が「ゲームに参加している」と感じることが必要で、そのためにはチームメンバー全員に「自分たちがマンデラの意思決定に影響を与えているのだ」という当事者意識を持たせることが重要だと考えていた。

ある朝のことだ。私たちは一時間半ほどトランスカイのマンデラの家の裏山を散策していた。歩き始めた頃にでていた霧はすでに消えて、空はきれいに晴れ渡っていた。目の前には、乾いた土地の上に、ごつごつとした岩や石が転がっており、木はほとんどなくわずかな緑が生えているだけの場所があった。

ふとマンデラは立ち止まり、顔をあげ周囲を見渡し「この辺りはかつてミーリー畑［とうもろこし畑］と呼ばれていたんだ」と言った。

「ここは素晴らしい場所だった。本当なら牛の世話をするはずだったが、時々とうもろこしをいくつか盗んでは焼いたものだ。私たちは枯れ草とわずかにシロアリがまだ残っている蟻塚を探して、とうもろこしの実の部分を蟻塚の入口に差し込んで枯れ草に火をつけた。それから、穂軸の部分を空いている穴に挿すと、ほど良くとうもろこしが炙られる。そのときにシロアリから出てくる油でとうもろこしが美味しく焼きあがるんだ」

マンデラは、子ども時代の情景を思い出し、まるで、そのときのとうもろこしを味わっているかのように話してくれた。マンデラは、私の方を向いて「リチャード、君はまだ牛の群れを追ったことはないだろう？」と尋ねた。私が「ええ、ありませんね」と返事をするとマンデラはうなずきながらこう続けた。

「あれは確か八歳か九歳の頃だっただろうか、午後はずっと牛の世話をしながら過ごしていたんだ」。マンデラの母親は、小さな農場を所有していたが、そこで村の牛の飼育をしており、その世話をマンデラ少年と友達に任せていたのだ。

マンデラは私に、牛の群れをどう扱うかについて説明を始めた。

「例えば、牛の群れをある一定方向に向かわせたいとする。まず、小枝を持って後ろに立ち、頭のいい牛を数匹選んで群れの先頭につかせて、行きたい方向に誘導させるんだ。すると、群れ全体が同じ方向に向かって動き出す。あとの牛たちは、自然と前の元気な牛の後をついていくものなんだ。だが実際のところ、群れを誘導しているのは一番後ろにいる自分というわけだ」

マンデラはここで一呼吸おいて、「これこそがリーダーの仕事だ」と言った。

リーダーシップの要諦は、あるゴールに向かって人を動かすことにある。具体的には、人々の考え方や行動の方向性を変えることである。その方法は必ずしも先頭に立って「私についていてきなさい」と叫ぶだけではない。

他の人々に権限を持たせる、あるいは、自らは背後に立ち、前にいる人々が一歩を踏み出せるように背中を押すという方法もある。つまり、フォロワーに対して権限を与え行動を促すことで、リーダーの考えや方向性をフォロワー自らに理解してもらうという方法だ。これは、人生全般において重要な考え方で、家庭やビジネスの場においても同様のことが言えるだろう。新しい戦略立案に取り組む部下を、マネジャーは後ろからバックアップする。家庭でも同じだ。親たちは、一方的にルールを押し付けるのではなく、対話を通して、子どもたちを分別のある行動へと誘導していくのだ。

マンデラをよく知る同志はこう言う。

「マンデラは、あまりにも強い存在感とカリスマ性を持っているがために、彼の〈賢さ〉については称賛されることがあまりなかった」

確かに、彼の存在感については十分に語られているが、人々が彼の知性について話題にすることは少なかった。マンデラ自身は、自分の学習能力に対してそれなりの評価をしていたが、その一方で、学ぶスピードに関しては速くない方だと自覚していた。だからこそ、彼は何事にも真剣に取り組んだのだ。

マンデラは常に十分時間をかけて検討し、物事の本質を理解し、また問題を様々な角度から検証したいとも願っている。実際に理解が及ばないことに対して適当にごまかすことができるときでさえも、軽々と口を開くことは決してなかった。結果、自分の足りない部分を補うかのようにマンデラは自分よりも「頭がいい」または「頭の回転が早い」と認めた人物と手を組んだのだ。マンデラは本物の専門性を身につけた人物から学びたいと思っていたので、教えを乞うことを恥ずかしいとは感じていなかった。

彼らから学びながら、また時には権限を委譲しながら、徐々に味方につけていったのである。助けを求められると人間は自分が尊重されていると嬉しく感じるものだ。そして、そのお返しに、尊重してくれた相手への忠誠心が増していくとマンデラは理解していた。

*

背後から指揮するリーダーシップにおいて、マンデラがお手本としたのは、実の父親ではなく育ての親となったテンブ族の王ジョンギンタバである。父親の死後、マンデラは母親が荷造りしてくれた小さなかばんを肩にかけ、トランスカイの丘を越えてテンブランドの首都ムケケズウェニという村まで歩いた。マンデラの父がかつて王の相談役であったこともあり、ジョンギンタバは彼を最終的には自分の息子ジャスティスの相談役にしたいと考えていた。マンデラは、裸足で母親とともに歩いた故郷クヌからの長くのどかな旅を思い出しながら話してくれた。自分が知っていた唯一の世界から立ち去ることはひどく悲しかったが、ムケケズウェニに着いたとき、その宮殿の壮大さには目を奪われたという。

それは、獄中で日記に記したとおり、「この光景を凌ぐものが地球上にあるとはにわかに信じられないような思い」であった。実際にはロンダベルという土でできた草屋根の小屋が十数個と大きな庭があるだけの、アフリカの貴族の標準的な宮殿と比べても質素なものだった。しかしマンデラにとってはまるで世界の中心に来たような気分だったのだ。

彼が村に到着した午後、長い車が村の西側の門から滑るように入っていった。このとき木陰に座っていた村の男たち全員が「バイェテ・アーアーア・ジョンギンタバ！（ジョンギンタバ万歳）」と首長への伝統的な表敬の挨拶を叫んだ。マンデラは日記でこのときの様子を次のように回想している。

「上品なスーツを着た男が木陰の男たちの輪の中に入っていった。背は低いが体格が良く、浅黒い顔をしていたが、知性に溢れる顔つきをしており、物腰は柔らかだった。そのたたずまいは自信に満ち溢れ、親しみやすい彼の雰囲気と態度は他の者とは一線を画していた。周囲から称賛され、権力を行使することに慣れた人物だということが、一目でわかった」

これが、テンブ族の王ジョンギンタバだった。この日のことは生涯マンデラの記憶に深く刻みつけられる。日記に記している通り、ムケケズウェニに到着するまでのマンデラの野心といえば単に棒術のチャンピオンになることか、すばらしいハンターになることだった。

このときの気持ちについて日記には、「あの日、まるで根こそぎ大地から引き抜かれ、激流の川に投げ捨てられた小枝になったような気がした」と記している。この激流こそがマンデラのリーダーシップへの道のりだったのだ。当時の彼には、この激流の先にどれほど大きく広がる世界があるかなど知るよしもなかっただろう。

マンデラは、王の所作や態度をよく観察した。村の生活は、すべて王を中心として回っていた。王は、いわゆる読み書きなどの普通の教育は受けていなかったが、テンブ族の歴史や習慣を守る重要な役割を果たしていた。王はリーダーになるべくして生まれてきた人だったが、同時に、村の人々に奉仕する役割も担っていた。

その立場は権利を持っているだけではなく、ある種の義務を伴うものだった。王に求められる役割は、先陣を切り人々を導くだけではない。人々の話に耳を傾けること、そして、人々の合意形成の助けとなることであった。

会議はさながら民主的なタウンミーティングのようで、まさにこれこそがリーダーシップの示される場であった。村に住むすべての男たちが参加し、意見があれば誰でも発言することができた。王たる者はまず、相談役の意見を聞き、そしてコミュニティのメンバーの意見を十分聞いた後で、ようやく自分の意見を口にするのだ。

王は常にピンと背筋を伸ばし、誇り高いたたずまいで意見を聞き、会議の最後にようやく、今まで耳にした様々な見解をまとめていった。王は意志の強い人だったが、自分自身の意志をコミュニティの意志より優先させることは決してなかった。これこそがマンデラの背後から指揮するリーダーシップを表す例だ。リーダーのあるべき姿とは、自説をとうとうと述べたり、自分の意見を人に押し付けたりする姿ではない。

他人の意見をよく聞き、要点をつかみ、総意をまとめ、人々をある方向に向かわせる。少年が牛の群れを後ろから導くのと何ら変わりはない。マンデラはこれこそがアフリカの伝統的なリーダーシップに適した姿だと思っていた。そして一方で、西洋式のリーダーシップは個人が成功を求め、他人を出し抜こうとする個人主義の行き過ぎた形だと考えていた。

欧米では社会の隅々まで浸透していった個人主義の再生はアフリカには全くといっていいほど浸透しなかった。アフリカ型リーダーシップは「ウブントゥ（Ubuntu）」という概念によく表れている。他者との利他的な交流を通じて自分の最高の実力を発揮できる、という考え方だ。

ある週末の朝、マンデラのホートンの自宅に着いたときのことを思い出した。表の門から邸宅までの道で、マンデラと彼の相談役が一同車座になって、木陰で熱い議論を夢中で繰り広げていた。私はその輪から少し離れた場所に陣取った。彼らはとても活発な意見交換をしており、驚いたことにマンデラに面と向かって意見を述べて批判する者さえいた。男たちは皆、マンデラに敬意を表しつつも、率直にかつ激烈に語る者もいた。

マンデラは背筋を伸ばして、ほとんど動くことなく、特に感情を顔に出すこともなくポーカーフェイスで熱心に聞き入った。会議の終盤になって、男たちが立ち去る準備をし始めた頃、マンデラが口を開き男たちの見解を淡々と客観的にまとめあげた。男たちはマンデラを納得させられたかどうかにかかわらず、自分の胸のうちをしっかり吐き出したことで気がほっと楽になったように見えた。議論を鎮めるためには辛抱強く反対意見に耳を傾けることが肝心でしっかりと聞く必要があることをマンデラは知っていたのだ。

後に、私はマンデラにこの議論の様子と彼のリーダーシップのスタイルについて尋ねたことがある。彼は「我々は民主的な組織だ。私がＡＮＣに自分の考えを提案しても、他の皆がそれに反対すれば、私の考えは却下されることもある。たとえ彼らが間違っていると知っていても私は彼らに従う。これがまさに民主主義なのだ」と言って大きく笑った。多くの場合、個々の問題に関する彼自身の見解などは、民主的なプロセスを遵守することに比べればたいして重要ではなかった。つまり、個別の案件に関しては賛同を得られなくても、要は民主主義が守られればそれで良いのだ。

マンデラが大統領になったときも、閣議を同じように取り仕切っていた。常に合意に至るわけではないが、反対意見がうやむやにならないよう、論点が明らかになるように配慮していた。そして、彼が話すのはいつも一番最後で、しかも誰よりも言葉少なに語るのだった。

マンデラはリーダーシップのロールモデルを語るとき、子どもの頃に教えられたというエイブラハム・リンカーンを時々引き合いに出す。劇を演じることになったとき、マンデラはリンカーン役が欲しかったが、マンデラより背の高い生徒に役を奪われたそうだ。結局、マンデラはリンカーンを暗殺したジョン・ウィルクス・ブースを演じる羽目になり、そのことを今でも悲しそうに話す。

マンデラは、リンカーンが最大のライバルを政権スタッフに迎え入れたことを知り、自身もその例に倣い、初めての組閣の際に、反対勢力のメンバーを閣僚に任命した。リンカーンが、権力ではなく対話と説得で政権スタッフを方向付けていったそのリーダーシップのスタイルに至極感銘を受けたのだ。そして、リンカーンが政権スタッフを辞めてもらうためにどのようにして閣僚を説得したかを例にあげて、「人を説得して、あたかもそれはその人自身の考えだったかのように思わせることが一番賢いやり方だ」と語った。

マンデラにとって、背後から指揮するリーダーシップとは、実は、先陣を切るリーダーシップのカモフラージュのようなものだ。そして、もちろん、一人の人間のリーダーシップには限界があることも知っていた。

マンデラが出所したとき、彼はまるで、アフリカ版浦島太郎だった。友達や仲間たちが、女性の権利、最新のメディア、エイズやＨＩＶ、その他知るべき多くのありとあらゆることを教えてくれた。これはマンデラにとって補習授業のようなものでもあり、またアフリカの集団的リーダーシップの考え方の実践でもあった。子どもの頃から、マンデラは集団的リーダーシップには、二つの意義があると学んでいた。

一つは個人の知恵より集団の知恵が勝るということ。そしてもう一つは、メンバー全員の合意形成のプロセスを経た結論には、尊さがあるということ。そして、背後から指揮するリーダーシップにも同じような意味があるということ。全体の調和を保ちながらゴールに到達することができる。それは、皆にとって望ましいことであり、同時に、リーダー自身にとっても望ましいことなのだ。

第5章

役になりきれ

「人は外見ではなく中身で判断するべきである」とはよく言う言葉だ。マンデラは、人を判断する際に、時には外見、つまりその人物がどのように見えるかを大切にしている。身につけているシャツの色、人前に立つときの立ち姿にはじまり、政策をどのように支持者に見せるかに至るまで、常に物事が「どのように見えるか」に細心の注意を払う。

本来はマンデラも本質を見つめる人間だ。しかし、「外見で判断する」ということにも一理あると考えている。例えば、私たちが本を表紙で選ぶことがしばしばあるように、受け手にとって「どう見えているか」というのは、とても重要なことである。第一印象を与えることは、たったの一度しかできないのだから。

マンデラはお洒落が大好きだ。「服が人を作る」とまでは言わないだろうが、服装がその人の印象に影響を与えると考えている。ある役割を担いたければそれにふさわしい服装をする必要がある。彼がこれを学んだのは、まだ少年の頃だ。マンデラの父親が、学校に着ていくようにと自分の乗馬用のズボンをリフォームし着せてくれたのだ。父は、自分の息子が布をまとっただけの未開人のように見えてしまうことは絶対に避けなければならないと考えていたのだ。

テンブランドの王の庇護下で生活していた頃のマンデラには、王のスーツのアイロンがけという日課があった。王は王らしくあらねばならない。マンデラは細心の注意を払ってこの仕事を行った。

マンデラと一緒にホテルに滞在していると、ジャケットにしわがよったのでアイロンを借りてきてくれないか、と頼まれることがよくあった。マンデラは、スーツの生地を吟味し、他の人が着ているスーツの質にも興味を示し観察していた。

マンデラは、フォートヘア大学に入学するとき、王が仕立ててくれた粋なダブルスーツのことを詳細に記憶していた。服装にとても気を使うマンデラも、ヨハネスブルグで生活し始めた頃は、着たいものを着るのには難しい生活を送っており、たった一着のスーツを五年間も着て過ごしたという。ところどころにつぎあてが目立つあのスーツを着るときは、どれほど恥ずかしい思いをしたことだろう。当時のことをマンデラは今でも忘れられないと言う。

数年後、若き弁護士として多少の成功を遂げると、彼はすぐさまスーツの仕立屋をみつけた。後にマンデラの弁護士となるジョージ・ビソスは、「スーツを仕立てる黒人を見たのはマンデラが初めてだった」と回想する。


マンデラはもともとセンスがよく、当時はちょっとしたダンディな男として知られていた。しかし、服装に気を使っていたのは、単にマンデラがファッションが好きだからだけではなく、当時、黒人は白人から服装で判断されることがよくあったからだ。マンデラは一般労働者ではなく、知的プロフェッショナルとして見られたいと考えていたのだ。

俳優であれば、オーディションで狙っている役に相応しい服装をすることで自分をアピールできる。勇敢に振る舞うことで真に勇気ある人間になれるように、服装を整えることでなりたい人物になれるのである。マンデラは生涯を通してその時々に与えられた役になりきってきた。

学生時代は真面目で理路整然とした人物として見られるように努め、また若き弁護士時代は、オーダーメイドのスーツを着こなし、判事や依頼人に好印象を与えるように努めたのである。

潜伏して地下活動をしていた頃は、作業着を着て髭を伸ばした。そして彼が黒人初の大統領になったときには、地味なダークスーツを着用した。後に南アフリカが落ち着きを取り戻したときは、ヨーロッパ風のスーツを、オーダーメイドの美しいアフリカの柄のシルクのシャツに変えた。

そして、これがマンデラの定番スタイルとなり、「マンデラシャツ」と呼ばれるようになる。マンデラはアフリカ柄のシャツが大のお気に入りで、彼のクローゼットは「マンデラシャツ」でいっぱいだ。マンデラシャツは鮮やかで美しい色合いの素晴らしさはもとより、アフリカ人であること、先住民であること、そして、自信に満ち溢れた新しい世代の象徴となった。それは、アフリカのリーダーとしての存在感を出すためには、もはや西欧のスタイルに身をつつむ必要はない、という意思の表れだと言える。

＊

マンデラには、「外見が人を物語る」という確固たる信条がある。そう考えると、ロベン島での最初の戦いが服装についてだったとしても、さほど驚くこともないだろう。刑務所の規則では、黒人受刑者は半ズボンを着用し、インド人や黄色人種は長ズボンを着用することになっていた。半ズボンとはまるで子ども扱いされているようで、マンデラにとってみれば屈辱的なことであった。そこで、他の様々なことに対する抵抗と同じような熱意を持ってこの服装の規則に抵抗したのだ。

後に、ボタ大統領との始めての交渉に臨む際にも、囚人服を着ていくことで、交渉が始まる前から自分が劣勢に立たされてしまうだろうと考え、刑務所の幹部に三つ揃えのスーツを特別に仕立ててもらった。マンデラは、その場に相応しい服装を身につけるということを、ボタと対等の立場で交渉に臨むためには必要不可欠なことだと考えたのだ。

ともに旅をしているとき、私はいつもマンデラが翌日に何を着るかを知りたいと思っていた。なぜならば、自分もふさわしい服を着るべきだと思っていたから、そしてマンデラが同行する私の服装を気にしていたからだ。マンデラの部屋に行き尋ねると、「リチャード、君が何を着るつもりか聞こうと思っていたんだ」と言ったものだ。マンデラは冗談を言っていたわけではない。彼はよく私のネクタイやシャツなどに感想を言い、私の服装が場にそぐわないと思うと、不快感を表すことすらあった。

マンデラは、背が高く、筋肉質でしまった肉体を持っているが、彼の外見的な魅力はそれだけではない。マンデラの背筋を伸ばした姿勢は素晴らしく美しい。決して前かがみにならず、常に頭をまっすぐに、前を見据えている。

ロベン島のマンデラは常に自分の歩き方や振る舞いを意識していたが、それは彼が、外見でも内面でも、刑務所の幹部に屈しないと見せる必要があると自覚していたからだ。たとえ、実際は幹部たちと秘密裏に交渉しているときであっても、周囲の人間はマンデラを模範とし、マンデラが自信を持って屈しない姿勢を見せると、周りもそれに倣った。

ジョギングが流行するずっと前から、マンデラは健康を維持することに高い関心を持っており、ヨハネスブルグにいた一九五〇年代には、早朝からランニングをするのが日課だった。マンデラは自分のスラッとした体形をとても自慢している。食べるものにも十分気をつかう。腰回りがでっぷりとした同世代が気になるらしく、よく、誰が上手に年を重ねており、誰がそうでないかという話題をもちかけてきた。

トランスカイで出会う同年代の女性たちから「お若いですね」と声をかけられるとマンデラは顔を輝かせて喜んでいた。田舎の厳しい生活をくぐりぬけてきた彼女たちは、お世辞にも若々しいとは言えない。「田舎の生活は厳しいものだ。貧困は、人を早く老けさせる。皮肉なものだが、刑務所の規則正しい生活や、無駄のない食事、適度な労働と運動は、若々しく長生きするには最適なものだ」とマンデラは話す。

毎日の肉体労働、穀物と野菜の質素な食生活、早寝早起きの規則正しい生活リズム。刑務所生活は、アンチエイジング専門医が設計した加齢防止プログラムのようなものだ。確かに、ウォルター・シスルは「塀の外の生活のほうがストレスが強い。出所してからよく眠れないんだ」とよく冗談のように言っていた。マンデラは刑務所でまず四五分間のランニングに続き、腹筋二〇〇回と腕立て伏せ一〇〇回を毎朝の日課にしていた。あるとき、マンデラは突然床に伏して指腕立て伏せを二回ほどやって見せた後、服の埃をさっと払って起き上がり自慢気に微笑んだ。

マンデラの外見への執着は、単にどんなスーツを着るかというレベルを超えている。彼の関心は、「外見が持つ影響力」についてであった。インターネットやケーブルテレビが登場するずっと前から、マンデラは自分の行動がどのように有権者やメディアに映り、世界に発信されるかについて気を配っていた。

「現実とは、物事がなんであるかよりも、どのように見えているかだ」とマンデラは言う。象徴としての外見は、ときに中身よりも重要なのだ。そのことを十分理解したうえで、マンデラは、中身と外見を統合することに成功し、一国のリーダーになったのだ。マンデラは、外見は貴族的な革命家、刑務所の受刑者だが、中身は政策や政治に精通したカリスマ的リーダーなのだ。

ウォルター・シスルは一九四一年に初めてマンデラに会ったときのことをこのように語る。

「我々は多くの人を巻き込んでいきたかったのだ。そしてあるとき、その多くの人々のリーダーとなるべき人物が自分の事務所に現れたのだ」

マンデラは社会学者がいうところの「印象操作」の天才だ。マンデラはANCが目的を果たすためには武力闘争に踏み切る必要があると考えていた。その一方で、反アパルトヘイト運動の求心力を高めるためには、なんらかの表面的な揺さぶりが必要なのではないかとも考えていた。

マンデラは、リボニア裁判の中で、一貫して無罪を主張していた。しかし、裁判の経過の中で、いくつかの部分に関しては彼にも非があることを認めた。自分の非を認めることで、刑務所の役人たちの歓心を買おうとしたわけではなく、白人社会全体に対して、マンデラは「一般の白人たちに怨みなどは持っていない」というメッセージを送ろうとしていたのだ。

マンデラは、常に、自分の政策や行動が他人にどのように見えているかに細心の注意を払った。例えば、選挙ポスターの見栄えに気をつかい、誰と握手をしているところを見せるべきかなどを常に考えていた。群衆の注目を効果的に集めるため、絶好のタイミングを狙って車から降りる。後部座席から私は何度もそんなマンデラの姿を見てきた。飛行機から降りるとき、部屋に入るとき、常に自分が登場する場面をいつどのように演出するかに心を配っていた。

マンデラは、自分から率先して行動を起こすことが、権限を握ることにつながると考えていた。政治集会などではいつも、彼は誰よりも先に立ち上がって拍手する。そして、彼から率先して登壇者や勝利者に握手を求めたり、お祝いの辞を述べにいく。人から挨拶されるのを待つのではなく、常に自分から挨拶をしに歩み寄るのだ。順番は常にマンデラが先だ。どんなに小さな非公式な集まりでもマンデラは、立ち上がり必ず何か話をした。マンデラがただのお客様でいることはなく、どんなときでも自分から人をもてなす側に立つのだ。マンデラがロンドンでエリザベス女王に謁見したときなどは、まるで、マンデラが控えめな貴婦人を歓待しているかのようにさえ見えた。

マンデラは、「いかなる先入観も持たず、すべての人を公平に扱う人間である」という印象を周囲に与えたいと願っていた。週末になると、政治犯は他の受刑者の試合を見るためにサッカー場に行くことを許可されていた。マンデラは常にインド人や黄色人種の受刑者たちと連れ立ってサッカー場へと向かった。それは、黒人だけの閉じたグループをつくるのではなく開かれた存在でいることのアピールでもあった。

またマンデラは、お気に入りのチームを尋ねられても答えを適当にはぐらかしたものだ。これは、大統領の立場になる前からの習慣で、彼には、リーダーは軽率な発言をしてはいけないという信念があったのだ。

「お気に入りの選手やチームはない。リーダーたるもの軽率に判断してはならない。一つを選ぶことによって、他のすべてからの信頼を失うことがある。だから、刑務所では私はいつもすべての選手、そして、よく戦う選手を応援していると話していた」

そして、マンデラは、「地に足のついたリーダー」だとみなされたいと願っていた。例えば、集会や晩餐会では、必ずキッチンへと出向きスタッフと握手を交わした。飛行機に乗るときも空港で働く職員たちを自ら探して握手しねぎらった。著名人との付き合いも、最大限に楽しみながらも、「手の届かないエリート」という印象を与えることは望んでいなかった。

マンデラは、リーダーとしての重責を引き受けながらも、責務を果たすことに喜びを感じる人物でありたいと、そして、国民が身近に感じられる存在でありたいと願っていたのだ。

マンデラはもともと自分を律する力の高い人物である。そして、周りにもその印象を与えたいと考えていた。私たちのインタビューは、当初、毎週土曜の朝七時きっかり、マンデラのオフィスで行われることになっていた。私が七時少し前に到着すると、彼はすでにスーツ姿で机に向かい電話をかけていた。

相手は明らかにマンデラの電話で起こされた様子で、電話越しの相手は「君は眠らないのか」とでもマンデラに聞いたのだろう。マンデラは、「自分はもう年寄りだ。二時間ぐらいしか眠れないのだ」と答えた。電話を切った彼に、「本当に二時間しか寝ないのか」と問いかけると、「まさか。いつも八時間寝ているさ」と笑った。

*

リンカーンはことあるごとに写真に収まりその影響をうまく利用していたが、マンデラも同様、写真が、「私たちがどう見えているか」ということに与える影響を熟知していた。マンデラは若い頃から、自分の姿を写真に残すことに関心を寄せていた。

シャープビルでの暴動のあと証明書を燃やしている姿、上半身裸のボクサー姿、国家反逆罪で裁かれる裁判に出廷する際にアフリカの民族衣装で正装した姿、ロベン島での数々の姿。マンデラの姿を映した様々な写真が残っている。

ブログやSNSが存在するずっと前から、映像というものには持続性があり、良くも悪くも拭い去ることができない力を持っていることをマンデラはよく知っていたのだ。マンデラは、自分自身のイメージを作り上げ維持するために力を注いだ。意図したイメージに合わないものは避け、逆に、貢献するものに対しては積極的に関わった。

マンデラの古い写真を見ると、彼の世代のアフリカ人にはあまり見られない特徴に気がつくだろう。それは溢れんばかりの笑顔だ。彼の笑顔は、他に類を見ないほどの力を持っている。マンデラのあの笑顔からは、礼儀正しく知恵を持った、強く心の広い持ち主であり、そして、包容力のある人間だということが伝わってくる。トランスカイから出てきたばかりの若き日のマンデラの笑顔。その笑顔はウォルター・シスルが最初に目をとめたマンデラの特徴だった。

当時のアフリカでは、謙遜したり、従順に振る舞ったりすることが美徳とされており、公の場所で笑顔を見せるということは不謹慎な態度であると思われていた。笑顔は、ある意味、その常識を打ち破る新しい概念だった。マンデラは、いわば復讐心に燃えた強面の戦士ではなく、笑顔の戦士だったのだ。

マンデラは、自分の笑顔が強力な武器になることを知っていた。ポーズをとり写真におさまるマンデラを繰り返し見ているうちに、彼の笑顔はいつも同じで、非の打ちどころがないことに気がついた。まるでベテラン俳優のように完璧にいつもの笑顔をつくる。笑顔は彼の仮面なのだ。

一九九四年の選挙戦では、マンデラの笑顔が選挙運動の主役であった。あの満面の笑みをたたえたマンデラの選挙ポスターが、高速道路、街灯、カフェ、果物の屋台など、ありとあらゆる場所に貼られていった。ポスターには、「マンデラは黒人の勝利者であり、白人の擁護者である」と書かれていた。

マンデラは「すべてを知ることはすべてを許すことである」と古いことわざのように笑顔でポスターから語りかけていた。そのマンデラの笑顔は、神経質になっていた有権者の気持ちを落ち着かせる特効薬のようであった。

「過去に起こったことに対して仕返しをしたいのではない」――釈放後にマンデラが伝えたかった唯一の、そして最も重要なメッセージがこれであった。異なる民族から成り、多くの争いをくぐり抜けてきたこの国を一つにまとめあげることが、民主的な選挙を経て南アフリカの大統領になったマンデラの大きな仕事だった。

マンデラは常に、「自分は復讐したい」という気持ちで行動しているのではないことを周囲に示してきた。それは、刑務所時代も、大統領就任後も一貫して伝えてきたメッセージだった。「過去は忘れよう」とは、刑務所から出所して初めて行った記者会見での言葉だが、以来彼は、文字通り何百回もこの言葉を発してきた。

マンデラは、この言葉を繰り返すことによって、「過去をゆるし忘れ未来へ向かおう」という家長のイメージを国民に伝えようとしていたのだ。

マンデラは何人かの白人看守と公の場に登場したことがある。その中には、自分がマンデラの友人だと世間に印象付けようとしたジェームス・グレゴリーという男もいた。

また、アパルトヘイトの父といわれたヘンドリック・フルウールト前首相の未亡人を公式訪問したこともあるし、マンデラに対してクーデターを企てたとされる前軍最高司令官コンスタンド・ビルジョアン将軍とは、面会に際し、肩に腕を回すなどの行動をとった。

こうした一連の行動はすべて、「過去は忘れよう。私は『虹の国家』の父親である。過去ではなく未来を見よう」というメッセージを国民に伝えるためのものだった。マンデラは、自分の怒りの感情が増幅すればするほど、統治の力はそがれていき、逆に、怒りの感情を鎮静すればするほど、力がみなぎってくることを感じていたのだ。

「過去は忘れよう」というのは、マンデラの公的な立場としての意見だ。私的な立場としてのマンデラは、彼自身が経験しなくてはならなかった過去に深く傷ついていた。マンデラは人生の最も重要な時期を刑務所内で過ごすことを余儀なくされたからだ。

刑務所の人々をはじめ政府のリーダーまでもが皆、狭い視野の持ち主であること。自分を友達だと主張した白人の看守グレゴリーに代表されるように、自分との関係を利用しようとしている人がいること。そのようなことについては、特に気にとめなかった。

しかし、マンデラは元妻のウィニーが何十年にもわたって受けてきた扱いに対しては、激しい怒りを感じていた。そして、政敵がマンデラに対して卑劣な手段で批判してきたことにも深い怒りを感じていた。政府や偏見との戦いのために、自分自身の結婚生活や家庭を犠牲にしてしまったという深い悩みも抱えていた。

しかし、マンデラは決して舞台裏の素の自分を見られてはならないと考えていた。リーダーは本心を見せてはならないと考えていたのだ。

マンデラの生きた時代に比べると、私たちは「表に出す」ことに対して比較的自由な時代に生きている。それでもなお、マンデラは「人間は本当の心をすべてさらけだすことなどできない」と言うだろう。「本当の気持ちを表に出す」というのは、現代的な美徳といえるだろう。しかし、すべてをさらけだせばいいのかというとそうではない。不必要にさらけだすことなく、本物になることは可能なのだ。

マンデラの厳格な性格がそれを可能にしている。彼の笑顔の仮面の奥には、マンデラの私人として傷ついた心、深い悲しみなどが隠されているのだ。マンデラの笑顔は、彼が作り上げていった自分自身のイメージの象徴である。

マンデラは人生のそれぞれのステージにおいて、自分が演じるべき役柄を設定し、役になりきった。そして、最終的には本当にその役通りの人間になっていった。このようにして、マンデラは自身がなりたいと思っていた人物に本当になっていったのだ。

第6章

原理原則と戦術を区別せよ

　ネルソン・マンデラは原理原則をとても大切にしている。彼の原理原則は、「人間は人種、階級、性別を問わず平等な権利を有する」というものだ。この原理原則が絶対であり、それに従うための手段・戦術とは分けて理解しておく必要がある。

「マンデラは現実主義者である」というと、多くの人が驚く。彼はゴールへたどりつくことができるのであれば、妥協も、譲歩も、戦略転換も厭わない。そのゴールとは一九八〇年～九〇年代の南アフリカでは打倒アパルトヘイトであり、人種差別のない「一人一票」の実現だった。

　マンデラは預言者、聖人、英雄などと呼ばれることがあるが、彼は単なる夢想家ではない。マンデラは理想的な現実主義者であった。気高い心を持ちながらも、確実に物事を成し遂げる男だった。

インタビューの中で、マンデラは、「原理原則」とそれを順守するための「戦術」を分けて考えることについてしばしば言及した。ときにそれは、「原理原則」と「戦略」という言葉に変わった。彼の中では、「戦略」と「戦術」は同義語だった。

マンデラは収監中に、原理原則と戦略は異なるものであるという考えをどんどん進化させた。投獄当初、戦略的思考から程遠かったマンデラは出所のときには全く違う人物になっていた。マンデラは、若い頃、時に現実離れした理想を抱き、後に後悔するような決断をしたが、自由の戦士として信念を持たない敵と戦い、何十年と獄中生活を送るうちに、完璧な戦略的思考の持ち主へと変貌を遂げたのだ。

しかし、マンデラが公に話す姿からは、戦略家としての姿は微塵も感じられない。マンデラは自由と民主主義という高尚な信念について話すときでも、その発言は他の人々とそれほど変わらない。マンデラは、革命を推し進めるリーダーたるもの、信念と原理原則を語るべきであり、世論や得票数、細かい戦術などについて語るべきものではないと考えているのだ。

しかし、私的な場面で、政治について語るマンデラの口調は、大学院の政治学クラスの教授のようになる。そんな彼はまるで、大統領候補者が雇いたくなるような有能な戦略コンサルタントさながらだ。
マンデラは、これまで戦略を学ぶにあたり限りなく多くの犠牲を払ってきた。しかし、彼が学習したのは、戦略そのものだけではない。その戦略を表に出さない方法を習得したのである。

マンデラは、信念を持つ強い大人になった。これは、二〇世紀はじめの南アフリカでは稀なことだ。植民地支配とアパルトヘイトは南アフリカの黒人たちから、権利と自信を奪っていった。

しかし、そのような環境下にあっても、彼は幼い頃から貴族的な身のこなしを身につけていた。家系の影響も多少はあっただろうが、アフリカの宮廷で育ったという生い立ちの影響が大きいだろう。マンデラが育った一九世紀の部族社会では白人との交流はほぼないに等しかった。彼の同世代の黒人の多くは、この時代、差別を経験しながら育ったが、マンデラにとって白人は遠い存在であり、彼の人格形成に、差別が影響を及ぼすことは少なかったのだ。

クラークベリー寄宿学校に進学するまで白人と握手したこともないほど、マンデラはいわば不平等だが隔離された世界に住んでいた。白人が存在しない部族で育ったことによって、マンデラは人種差別の毒牙にかからずに、つまり自己評価の低い人間にならずにすんだのだ。このように、マンデラが自分自身に対して確固たる自信を持っていたことは彼自身の成功への鍵であったし、また、ＡＮＣがマンデラを議長に選出した理由の一つでもあった。

マンデラが階級や人種による差別と実際に直面するのは、寄宿学校に進学してからのことだ。特にヨハネスブルグでは、部族の首長の息子としてではなく、田舎出身で貧しい無知な若者として扱われた。そして、このとき、マンデラは黒人と白人の間に横たわる大きな溝を知った。そして、差別を体で実際に感じると、不当な扱いに対する怒りが生じた。

彼の怒りは、ネルソン・マンデラ個人が受けた扱いにとどまらず、彼以外のいかなるものが受ける不当な扱いにまでも及んだ。そして、彼はより快適な人生よりも、差別と闘う人生を選んだのだ。

自己に対する自信と自尊心があったがために、それほどの強い怒りを覚えたのだ。そもそも自尊心の低い人は、自分に対しての期待を失ってしまうものだ。自分自身が信頼できないために、他人からの評価を重要視してしまう。一方で、自分を高く評価している人間は、不当な扱いを受けると怒りの感情を持つものだ。マンデラは、激しく怒っていた。マンデラは普段は、そう簡単に怒る人間ではなかったが、この怒りは執拗なものとなり、結果として半世紀にもわたって続くことになる。

マンデラはおそらく、「すべての政治活動は個人的な動機が発端だ」という考えには激しく反対するだろうが、彼自身が南アフリカの黒人として経験した数々の不当な扱いがその後の政治活動の動機になったことは間違いない。

＊

王ジョンギンタバの支援を受けて、マンデラは南アフリカ唯一の黒人向け大学、フォートヘア大学へと進学した。ここは中庭を囲んでヴィクトリア朝の建物がキャンパスに連なる小規模なエリート校だ。マンデラが在籍していた当時の学生数は約一五〇人。ここは伝統的部族の長を育てるだけではなく、マンデラのような将来の革命家の養成の役割も担っていた。

学生はマンデラのようにアフリカ人の裕福な貴族階級出身の若者、もしくはミッションスクールで優秀な成績を収めた学生がほとんどで、みな礼儀正しくスーツを着用していた。大学の規則は厳しいものだった。この学校は、厳格で博識なスコットランド人で、学生に対して厳しく、フォートヘア大学が掲げる理想をとても誇りにしていたアレキサンダー・カー学長が運営していた。大学には上級生にテンブ族出身でマンデラの甥、K・D・マタンジマがいて、背が高く誇りに満ち、いずれ首長になる立場の彼にマンデラは憧れていた。

マンデラはフォートヘアでは人気者だった。明るく親しみやすく、スポーツ万能で素直な学生だった。大学二年生のときに、マンデラは抗議運動に参加する。抗議運動といっても「人種差別反対」といった大それたものではなく、「食事の質」に対するものだ。食事の質の向上を求めて抗議した学生たちが、学生代表会議の選挙をボイコットしたのだ。ところが、数名の学生が投票してしまい、その結果マンデラが評議委員に選出されてしまった。

マンデラは、過半数に満たない当選だったので選挙は無効だと考えた。しかし、カー学長の考えは違った。マンデラを筆頭に評議委員に選出された学生はその役割を担うべきだと主張したのだ。その後事態は、学長がマンデラに評議委員を引き受けるか、さもなければ、退学するか、という最後通告をつきつけるまでに発展した。

この事件を回想してマンデラは言った。

「怖くなり、K・Dのもとへ相談に行った。すると、K・Dがこう言ったんだ。『これは信念の問題だ。評議委員は引き受けない、ただそう言えばよい』」

そこで、カー学長にそう申し出た。当時の私にはカー学長より、K・Dの存在のほうが大きかった」。カー学長はマンデラに選択を迫り、その結果、マンデラは自分の信念に基づき、フォートヘアを去ることになる。

マンデラはこのことを振り返り、ときおり笑いながらこう言った。

「今の私ならあんな無茶な選択はしないよ。私はかなり強情だったんだ。もし、あの頃の自分が今の私に相談に来たら絶対に大学は辞めてはいけないと言うだろう」

もし学歴があったら、後の彼の運動に有利に働いたに違いない。しかし、マンデラは自らその武器を捨ててしまったのだ。すべての信念が同じ重みを持っているわけではない。ゆえに、優先順位をつけなければならない。この一件では、貫いた信念の重みに比べて、その代償としてマンデラが払わなければならなかった犠牲はあまりにも大きかった。ある意味、フォートヘア大学を去るという決心が、生涯をかけて権力と戦うというマンデラの人生の方向性を決めたといえるだろう。

ムケケズウェニに戻ったとき、大学での出来事を王に話すのがひどく恐ろしかったという。話を聞いた王はあきれはて、そして激怒した。マンデラと従弟のジャスティスがジョンギンタバのもとを逃げ出すことになるのはこのすぐ後だ。

ムケケズウェニを出てヨハネスブルクに住み始めた頃の生活は、まるで冒険小説を読んでいるようだった。鉱山で夜警の仕事をしてクビになったり、電気もない掘っ立て小屋の長屋に住んだり、当時、マンデラは世話になっていた家族からは「怠け者」だと思われていた。

しかし、後に生涯の友そしてメンターとなるウォルター・シスルと出会うことで、人生を立て直すことができた。当時はアフリカ人の弁護士を雇用してくれるところはほとんどなかったが、ウォルターの口聞きで、マンデラはヨハネスブルクにあるユダヤ系の法律事務所にアシスタントとしての仕事を得たのだ。マンデラは、「法律の道は自分の将来のためになる」と考えウィットウォーターズランド大学法学部へ進学する。法学部の教授が「有色人種は弁護士になるほど頭がよくない」と言っていたとマンデラは笑いながら教えてくれた。

＊

後にマンデラは、友人オリバー・タンボと南アフリカ初の黒人による黒人エリート層のための法律事務所を開業することになる。法廷でのマンデラはエネルギッシュで頼もしい存在で、クライアントのために数多くのアパルトヘイト関連法と争った。マンデラは、自身の弁護士としての能力を誇りに思い、また、法の公平さを心から信頼していた。

大学では、「正義は目隠しをして行うものだ。つまり、法は貧富の差や権力の有無、人種などにかかわらず万人に等しく適用される」と教わった。実際に、目隠しをした正義の女神像が裁判所に飾られていた。しかし、次第にマンデラは理想と現実はまったく違っていることに気がつく。

例えばある裁判では、裁判官がマンデラのクライアントに対して人種的および身体的な特徴によって判決を下していた。また、被告の肌の色が白なら無罪、黒人ならば有罪になるケースなどにも直面した。そして、政府が法律を、ANCや自由への活動を抑圧する目的のために使用する場面に繰り返し遭遇していくのであった。

マンデラは未発表の日記の中で、「現実には、法律は、支配階級が利用する組織的な暴力行為と化している。法律が、社会的秩序を自らの都合の良い形に形成するための道具となっている」と記している。また、「今の法律は、かつて私が考えていたような公平性に基づいた原理原則にはなっておらず、政治家たちの戦術手段になってしまっている」とも書いている。

マンデラがANC青年同盟で活動をし始めた頃も、原理原則と戦術についての衝突がしばしばあった。彼は当初、黒人以外がANCのメンバーになることに反対していたが、後にこの考えを変えた。次は、共産党のメンバーがANCに参加することにも反対していたが、この考えも後に改めることになる。どちらも現実的な戦略が原理原則を変えた結果だが、いずれの場合にしても、マンデラが最も重要視したのは、「どうすればANCの組織力を高めることができるか」という一点だった。

原理原則より戦略を優先した最も顕著な例としては、マンデラとANCが自由への闘争活動の戦術として暴力を容認したことが挙げられる。ANCは一九一二年の設立以来、一貫して非暴力主義を貫いてきた。リーダーたちはガンジーに強く影響を受けており、非暴力主義は長い間、ANCの揺るぎない信念だった。

しかし、政府が抗議運動を抑圧するため、組織的に暴力を利用してきたことを目の当たりにして、マンデラは非暴力主義の限界を感じるようになる。それはまるで、銃撃戦に竹やりで戦っているようなものだった。ついに一九六一年、マンデラはナタールに行き、当時議長であったアルバート・ルツーリに戦略転換の必要性を訴えたのだ。マンデラが心の底から尊敬していたアルバート・ルツーリ議長はアパルトヘイトに非暴力の活動で対抗したとして、その前年にノーベル平和賞を受賞していた。

私はマンデラに、「そのときのルツーリの反応はどうでしたか」と聞いた。

「もちろん、彼はこの決定に反対した。なぜなら、彼は非暴力を信念にしていたからだ。しかし、私や他のメンバーは、非暴力はあくまでも手段であり、手段は状況に応じて変えることができると考えていた。そこが私とルツーリの違いだったのだ」とマンデラは語った。

ANCのメンバーであるインド人の多くは、非暴力の方針撤廃については断固反対の立場をとった。特にインド人の同志、J・N・シンはこう主張したという。

「非暴力戦略が我々を駄目にしたのではない、我々が非暴力戦略の実行に失敗したのだ」

しかし、マンデラにとっては、シンの意見は単なるスローガンであり、信念ではなかった。このとき、マンデラはすでに「アパルトヘイト撤廃のためには、暴力という手段に訴えるしかもう術が残されていない」という結論に達していた。

物事の状況と原理原則。この二つを照らし合わせてとるべき戦略が決まる。その点、マンデラは、ガンジーではない。ガンジーの場合、「非暴力」は彼の原理原則であり、この原理原則を破って得た勝利などなんの価値もなかった。

マンデラの場合は違った。もちろん、あらゆる種類の暴力を憎むマンデラも、できることなら非暴力戦略を継続したかったに違いない。しかし非暴力戦略は、あくまでもその先にあるゴールへと至るものでなくてはならず、彼の場合、ゴールこそが信念であり、非暴力は戦術の一つにすぎなかった。

後年、多くの政治犯が「大学」と呼んでいたロベン島で取得した通信制大学の学位をマンデラはいつも誇りに思っていた。マンデラにとってもロベン島はまさしく、抽象的な意味合いだけではなく、現実を学ぶ大学であった。そこは、状況に照らし合わせて、原理原則を現実的に検討する場所になった。投獄中、マンデラは同志たちと何時間も、何日も、何カ月も、何年も議論を重ねていったのだ。議題は、例えば、資本主義対社会主義、部族主義的思考対近代的思考、さらに、「トラはアフリカ大陸の固有種か否か」にまで広がった。マンデラはこの種の議論に積極的に参加した。

しかし、出所したマンデラはもうこのような議論をすることを一切やめた。マンデラは、社会主義が民主主義や人種間の調和を求める彼の気持ちを弱めること、部族主義の考え方が彼にとって価値あるものになり得ることを現実的に知ることになった。そして、白人の資本主義のリーダーたちと和解し、黒人部族のトップとも和解することに成功した。

そして最大の目標だった南アフリカにおける民主主義の実現とともに人種間の調和を手に

した。このゴールへの到達こそが、長年マンデラが求め続けたものであった。その他のことは、二次的な要素にすぎない。状況が変われば、とるべき戦略も思考法も変化に伴い変えていく必要がある。それは、信念のブレではなく、現実主義的思考というものだ。

第7章

相手の良い面を見出せ

〈悪い人間〉であることを証明する出来事が起こらない限り、すべての人間は良い人間であるとマンデラは信じている。これは、マンデラの弱点でもあり、純粋さの表れでもある。

マンデラは、そもそも「人間とは誠実なものだ」という前提を持っている。勇敢に振る舞うことで実際に勇敢な行動につながっていくことがあるのと同様に、相手を信頼することによって、人は最良の自分を発揮してくれるだろうという期待があるのだ。

長年にわたり不当な扱いを受けてきたマンデラのような人物が、人の良い面を見出せるのは特筆すべきことだ。マンデラは他人についての批判を口にしない。あまりにも良い面だけを見ようとする彼に時としてイライラさせられることすらある。

たとえマンデラを絞首刑に処そうとした人間にさえも批判的な言葉は一切口にしなかった。例えば、アパルトヘイト推進者だったバルタザール・フォルスターのケースがある。フォルスターは、マンデラをはじめとした同志たちが死刑に処されなかったことを公に批判した人物だったが、彼を「至極普通の人間で、非常に礼儀正しく、私たちにも丁寧な態度をとっていた人」と評す。いくら動物に優しいからと言ってもサダム・フセインのことを「優しい人物だ」と評価する人はいないが、この場合は少し違っている。

無論、マンデラはジョン・フォルスターのような人物の邪悪な側面を見抜いている。しかし、「人間の邪悪な面だけを見てはいけない。この世には、完全な悪人も完全な善人も存在しない」と言うのだ。

ロベン島でのことだ。マンデラのことを敵視していた受刑者がいたという。あるとき、その男はマンデラに対する不満をリストに書いてまとめた。それを知ったマンデラは、「私は彼から物事に熱心に取り組む姿勢を学んだ」と言う。彼の言葉の中には、敵意は含まれておらず本心からそう言っているようだった。

「その人から学んだことは……」

マンデラは、常に物事の良い面を見ようとし、建設的な学びを得ようとする。ネガティブな面には注目しない。しかし、マンデラにはどうしてこのようなことができるのだろうか。

理由は二つある。まず彼には、人の良い面を見出す直感が備わっていること。もう一つは、人は、「良い人間だ」と信じて期待をかければかけるほど、本当により良い人間になっていくものだという信念があるからだ。同僚であろうと、家族であろうと、人は期待されればより多く貢献したいと思うものであり、貢献できないと罪悪感を抱くものだと考えている。

「自分の利益のことしか考えていない」という言葉は、人間の悪い面に対してマンデラが批判するときに使う数少ない言葉だった。南アフリカ最大の黒人向け新聞社の編集者とマンデラが電話で話しているのを横で聞いていたときのことだ。交渉の進展に関する記事を掲載したいと考えている編集者に対して、マンデラは、大変微妙な時期なので掲載は控えてほしいと依頼していた。電話を切った後、「記事は掲載されないだろう」とマンデラは私に言った。しかし、翌日の各誌の一面には、この記事が大々的に掲載されていた。

私が記事の掲載された新聞を見せるとマンデラは微笑みながら、「ああいう人間は深く考えて物事をやる人たちではないのだ。ただただ自分の利益のために行動している。まあ仕方のないことだ」と言った。

マンデラの考え方によると、その編集者は自分の利益のために行動しただけで、マンデラを欺こうとしたわけではない。だから、これはとるに足らないことだと考えて実際あまり相手にしなかった。

＊

刑務所生活は、マンデラが人間への理解を深め視野を広げる絶好の場所となった。多くの受刑者たちが辛い生活に屈していく中、マンデラはそれを糧として人間的に成長した。当初ロベン島の数年間は、受刑者への暴力が日常茶飯事だった。しかし、孤島の刑務所では下界との接触も少なく、このような暴力は誰にも知られることはなかった。

当時、冷徹で残忍なことで知られていたピート・バーデンホルストという大佐が所長を務めていた。彼は、典型的なアフリカーナーの所長で、黒人の受刑者は動物とほぼ同等の扱いを受けて当然だと考えている人物だった。政治犯とテロリストの違いもわからず、マンデラのことを単に、代表的な危険人物として扱った。マンデラは何度か彼と衝突することになるが、所長はまったく譲らない人物だった。

一九七〇年代初頭、ロベン島を判事の一団が視察に訪れた。他の受刑者からの依頼を受け、マンデラは、皆を代表して判事たちに苦情を告げた。ちょうどその頃、別の棟で黒人に対して暴行があったのだ。

判事たちは英語を話し、刑務所の職員よりは自由な考え方を持っていた。そして、判事たちはマンデラが自由に話ができるようにバーデンホルスト抜きで面会を実施すると伝えてきた。しかし、これに対してマンデラはバーデンホルストの同席を求め、バーデンホルストの同席は全く意に介さないと伝えた。

マンデラが、最近起こった暴力行為について判事たちに語り始めるやいなや、バーデンホルストは、「お前はそれを目撃したのか?」と割り込んだ。「見たわけではない」とマンデラが答えると、バーデンホルストはマンデラを指差し、「気をつけてものを言え。見てもいないことをしゃべると厄介なことになるぞ」と脅した。その言葉で面会室には沈黙が流れた。

マンデラは判事たちへと体を向け、落ち着いた口調で「この刑務所の所長がどんな人物かご覧いただけたと思います。皆さんの目の前でさえ脅しをかけるくらいですから、皆さんがいらっしゃらないときの様子は想像に難くないと思います」と言った。

この話は、バーデンホルストという人物の悪い面を語るときのエピソードだ。これには、対になるもう一つのエピソードがある。それは、バーデンホルストが島を去るときの話だ。

ある日、マンデラは、島を訪れていた刑務施設の総監督であるステイン将軍に呼び出された。バーデンホルストも同席しており、マンデラは、何か苦情があれば述べるようにと言われた。そこで、マンデラは、臆することなく弁護士らしく言葉を慎重に選びながら苦情を一つひとつ述べた。マンデラが話し終えると、将軍は「バーデンホルストに異動命令が下りロベン島から出ていくことになった」と告げた。

バーデンホルストはマンデラに向かって話しかけた。そのときのことをマンデラは回想する。

「バーデンホルストが『君と同志の幸運を願う』というようなことを私に言った。その人間味ある言葉と穏やかで思慮深い口調に私は、正直驚いた。そして私も彼に感謝の言葉を返した。この出来事は私の頭から離れなかった。

彼のような人物は、生まれながらに人間性に欠けているというわけではなく、状況がそうさせているにすぎない。野獣のように振る舞えば振る舞うほど評価が高まる。そして、昇進や出世につながると考えていたからそのように振る舞っているのだ。バーデンホルストは、見かけどおりの残忍な男ではなく、見かけの振る舞いよりも中身は優れていたのだ」

この気づきは「人間性とはなにか」に関してのマンデラの考え方の核になるものを作った。

「見かけの振る舞いよりも中身は優れていた」――彼の冷徹な行動は彼の信念からくるものではなかったのだ。

人は、偏見や人種差別の意識を持って生まれてくるわけではない。生まれながらに邪悪な人間などいないのだ。邪悪さは、人が育っていく過程、その人の周りの環境、受ける教育などによって植え付けられていく。アパルトヘイトという状況が人間を邪悪にしたのであり、人間の持つ邪悪さがアパルトヘイトを作り出したのではないのだ。

マンデラの同志たちは、刑務所の看守たちのことを、アパルトヘイトという冷徹なシステムを具現化する実行者グループと見なしていた。一方で、マンデラは彼らの中にも、親切さや尊敬に値する面があるのではないかと考えていた。突き詰めれば彼らもこの制度の加害者であると同時に被害者でもあると考えていた。ほとんどの看守たちは、十分な教育を受けておらず、子どもの頃から不公平なシステムの中で育ち、人種差別という思想を叩き込まれてきた。貧しい育ちのものが多く、境遇は大部分の受刑者たちと大差のないものだった。

高度な教育を受け見識の広い弁護士としてアフリカ中を旅したマンデラは、彼ら看守たちが一生涯で見る以上の広い世界を見てきた。その意味では、看守たちもまた、マンデラと同志たちとは違う形ではあったが、アパルトヘイトという社会制度の被害者だったのである。

マンデラは毎週日曜日、礼拝のために刑務所を訪れるアンドレ・シェフェルという牧師についても似たような見方をしていた。オランダ改革派教会から来ていたこの牧師は、アパルトヘイトは神による定めだ、という強い信念を持っていていた。「彼はとても侮蔑的で私たちを口汚く罵倒した」とマンデラは振り返る。シェフェル牧師はマンデラと同志たちを、神が定めた秩序の破壊を企てる危険な犯罪集団だと見なしていた。

「お前たちは、自分のことを『自由の戦士』とでも思っているらしいな。どうせマリファナを吸っていたか、酔っぱらっていたに違いない。お前たちは、どんな問題でもすぐ白人のせいにする」。マンデラは、この牧師がこのように言っていたことを記憶している。

他の受刑者たちはこの牧師の言動に我慢できず、彼を避けようとしたが、マンデラはこれを一つの挑戦であると考えた。なぜなら、マンデラは宗教もまたアパルトヘイト同様、人々に対して思想の強要を強いるもので、狂信的な信者というのは彼らが受けた教育が作り出す結果であると考えていた。しかし、マンデラは常に彼らの大げさな見かけよりも中身の人間性に近づこうと考えていたのだ。

そして、犯罪者を悔い改め改宗させようと試みたシェフェル牧師に対して、マンデラは逆に、彼を悔い改めることを試みたのだ。

「そこで、我々は牧師に少しずつ私たちの考え方を理解してもらうように影響力を及ぼしていったのだ。私たちは常に、自分たちの戦いの目的を理解してもらおうと働きかけた。私たちが一体何者なのか。どうして刑務所にいるのか。何のために戦っているのかを理解してもらい、私たちのために説教をしてもらいたかったのだ」

こうしてシェフェル牧師は、マンデラたちと親交を温めるまでになった。少なくともマンデラたちが何のために戦っているかを理解するようになっていった。牧師は、マンデラたちの支持者にはならなかったが、もはや敵ではなかった。マンデラは彼の考え方を変えることができたのだ。

マンデラが看守らに対して性善説で対応することを同志たちは思うままにさせてくれたが、同志たちの間ではマンデラは看守を信頼し過ぎているとか、良い面ばかりを見ようとしているなどの批判もあった。

同志の中には、敵とは倒すものであり、敵の良い面を見出す必要などないと考える者もいた。このようなマンデラの態度は、知的な弱さの表れでもあり、優しい看守に弱さを見せたり、または看守たちに信頼していることを見せることで何らかの見返りを求めているのではないかと勘ぐる者までいた。彼の人格的な部分への非難をさらに超えてマンデラの行動が、いわば敵に塩を送っているようなものではないかと厳しく批判する者まで現れた。

マンデラはこの非難を承知のうえで、あえて寛大な言動に出ることを選んだ。そして、マンデラを批判した者に対しても同じ態度をとった。尊敬に値しない相手に対しても、こちらが尊敬の念をもって接することで相手も尊敬の念をもって接してくれるようになるものだとマンデラは信じていた。この考え方が正しかったことは、彼が刑務所から釈放された後に証明されることになった。誰にでも公平に信頼を寄せるマンデラの態度は、国民に対しての「過去の恨みを超越した人物である」というメッセージになったのだ。

「過去は忘れよう」と南アフリカ共和国の国民に呼びかけたとき、多くの国民は、マンデラ自身が、すでに過去を克服したからこそ、そう呼びかけているのだという印象を受けたのだ。これには二つの効果がある。一つは、マンデラに対して白人からの信頼感が増すということ。もう一つは、白人たちが、今まで自分たちが虐げてきた黒人を寛大に感じられるということだった。

人は信頼に値する。マンデラはそう考えている。しかし、信頼を寄せた相手に、信頼を裏切られたこともある。もっとも後悔している相手は、マンデラを刑務所から釈放し、後にノーベル平和賞受賞を分かち合ったF・W・デクラーク元大統領だ。デクラークは、当初から、非常に丁寧にマンデラに接し、常にマンデラの意見を尊重しているようなそぶりを見せていたという。改革に着手した当時は、マンデラは彼を「誠実な人物」であると評価していたが、改革が進むにつれ、これを後悔することになる。

*

マンデラとデクラークは、マンデラの釈放とANC合法化にむけて三度面会した。デクラークは過去の国民党には存在しなかった新しいタイプのリーダーだという印象をマンデラは受けていた。改革を着手した勇気ある実行者としてみなしていたのだ。

ケープタウンでの第一回目の面会当時、マンデラはまだヴィクターフェステア刑務所にいた。面談では、まずデクラークに大統領就任の祝辞を述べたあと、彼の政策を「まるでアパルトヘイトを裏口から呼び戻すような政策だ」と批判した。それを受けたデクラークは、マンデラの意向を尊重しようと答えたという。

デクラークの言葉を聞いたマンデラは心を打たれたという。なぜならば、マンデラが今までしてきたのと同じように、人に対して信頼を寄せて行動する人間だと感じられたからだ。デクラークは、マンデラを丁重に扱い、あたかも同じような考え方の持ち主であるような振る舞いを見せていたのだ。

私は何度も彼らと同席する機会があったが、デクラークはマンデラのことをバリトンのような低い声で「ミスター・マンデラ」と呼びかけ、マンデラに対して常に丁重に接していた。彼はヘビースモーカーだが、たばこの煙が嫌いなマンデラに気を遣ってマンデラの前では喫煙を控えた。しかし、デクラークの一連の丁重な見せかけの振る舞いが、実は、マンデラの警戒心を解くための戦略であったことにマンデラは気づいていなかった。マンデラにも盲点があったのだ。

釈放後、選挙や新しい法案に関する本格的な調整や交渉が開始すると、マンデラのデクラークに対する評価は変化し始める。

マンデラは政府が「第三勢力」と呼ばれる組織を支援していると確信していた。この勢力は、暴力に訴え内戦を引き起こそうとする影の軍事組織だった。デクラークはこの存在に気づきながらも容認しているとマンデラは睨んでいたのだが、デクラークの関与を示す証拠はなく、関与の疑いに対してデクラークは反論していた。マンデラはこの件について、公の場でも私的な場でもデクラークと討議を重ねていたが、徐々にデクラークが二枚舌であることに気がついていった。

公の場で露骨に怒りを表すことはほとんどないマンデラだったが、ついにデクラークが火をつけることになる。一九九一年一二月、南アフリカ初の民主主義的憲法に関する歴史的会談の開始に際し、二人はスピーチをする予定だった。この交渉は最終的には一九九四年に実施されることになる南アフリカ初の「一人一票」の選挙に繋がっていく重要なものである。会談の前に、デクラークは、自分のスピーチの順番を最後にしてほしいとマンデラに持ちかけ、マンデラはこれに同意した。

そこで、まずマンデラが友好的な口調で憲法に関する会談への期待を語った。ところが、続くデクラークの演説は和平への意思がまったく感じられないマンデラへの批判に変わっていたのだ。演説の中で、デクラークは、国内を暴力行為で乱している軍事組織を操作しているとしてマンデラとANCを批判したのだ。

今まで私的な会談の場で、マンデラは繰り返し、この軍事組織「第三勢力」に関する懸念を伝えてきたにもかかわらず、デクラークは、公的な場でマンデラを「偽善者」と非難したのだ。デクラークの発言はすべて嘘だった。

スピーチの式典は、デクラークの発言をもって終了となるはずだったが、マンデラは立ち上がり、中継中のテレビカメラの前に立ちマイクに向かった。マンデラの顔は激しい怒りで引きつっていた。マンデラはデクラークには一瞥《いちべつ》もくれることなく話し始めた。

「どんなに小さな組織のリーダーにも最低限守るべき道徳というものがある。このような重要な場において、こんな政治的駆け引きをするような人間と、まともに交渉などできるだろうか」

私はこのときほどマンデラが怒ったのを見たことはない。彼が最大限の自制心で怒りをコントロールしようとしていたのは明らかだった。紳士協定を結び、デクラークに式典の最後のスピーチを譲ったのはマンデラの親切心からであった。しかしマンデラは裏切られたと感じた。デクラークは誠実そうな振る舞いを見せており、マンデラはそこに信頼を寄せていたからこそ一層裏切られた思いは強かった。

数年後、この出来事についてマンデラと話す機会があった。そのときはすでに、マンデラの心の傷は癒え始めていた。デクラークは彼自身の利益と、彼の政治的同志の利益だけを考えて行動していたのだから仕方があるまいと言いながらも、リーダーとして「自分の利益」を超えて行動できなかった彼には失望したと続けた。

マンデラは、結果が好ましくなかったことは認めながらも、彼を信じたことは間違っていなかったと考えている。なぜなら、デクラークは自由への道を実現するうえで必要不可欠なパートナーであり、彼は彼なりに一貫した人物であったからだ。そして、何よりも和解のゴールへと至る途中で、デクラークを必要とする局面があるかもしれない。そのためには、関係を悪くすることで得るものはないと考えていたのだ。

マンデラはそもそも「相手の良い面を見出す」ことができる性格だった。そのことが結果的には、自分の利益につながっていった。「相手の良い面を見出す」ことは、ときに失望に出会うリスクに身をさらすことになる。私たちは、リスクと聞くと、危険な登山のような身体的なリスク、または先の見えない事業に対する投資など、不確実性の高いものに対する大胆な意思決定をイメージする。

　これに対して、マンデラの場合は、感情のリスクをあえて取るのだ。マンデラは、人に信頼を寄せることで自分が弱い立場に置かれるというリスクをとる。私たちも、よく知らない相手を信頼してしまうことで同じようなリスクをとることがある。だが、相手の誠実さや善良さを見出そうとすることが実は、感情的なリスクを取っていることにつながっているとは考えも及ばない。


　マンデラは言う。

「確かに私は人の良い面を見過ぎているかもしれない。しかし、そのような批判を私は甘んじて受ける。なぜならば、私は、他人の良い面を見ることは有益だと確信しているからだ。相手を誠実で信用できる人物であると考え、その前提で自分も相手に対して誠実に行動するべきだと考えている。なぜなら、人の誠実さというのは、誠実な人間にこそ引き出せるものだからだ」

第8章
己の敵を知れ

一九五〇年代のマンデラは、昼間は戦う弁護士として、夜はアマチュアボクサーとして活躍していた。身長一九〇センチメートル弱で重量感のあるがっしりした体つきのマンデラは、ほぼ毎日オーランドの黒人居住区にある質素なボクシングジムに通って縄跳び、長距離走、サンドバッグ打ちなどの練習をしていた。ヘビー級チャンピオンにはなれそうにない体形だったが、非常に厳しいトレーニングを自分に課し、実際の試合より練習を好むタイプだった。ボクサーとして大成するためには俊敏さと強さだけではなく、例えば、ジャブの後に左フックをどのように繰り出してくるか、パンチを打った後に体を右に振るか左に振るかなど、相手をよく知ることが大切だと、熱心なコーチであったスキッパー・モロツィに教わった。

「敵をよく知ること」――これは政治にも通じるとマンデラは気づいた。劣勢に立たされていた彼が手ごわい政敵に勝つためには、相手を知り、弱点を見つけ出し、時には相手の強さを利用することが必要であった。

一九六二年、四四歳のマンデラは、ANCの軍事部門である「民族の槍（MKとして知られている）」を立ち上げ初代の最高指揮官となった。やがてMKが軍事施設を標的にしたテロ行為を始めると、マンデラは地下に潜伏し、南アフリカにおける最重要指名手配者となった。白人向けの新聞は、バロネス・オロツィの小説「紅はこべ」になぞらえ、彼を「黒はこべ」と呼ぶようになった。マンデラはむさくるしい髭を生やし、着古したオーバーオールを着て、ぶかぶかの帽子をかぶり、ときには運転手、ときには庭師に変装していた。ちょうどその頃、孫子の兵法をはじめ、手当たり次第、武力闘争のための教練書を読みあさっていた。武力闘争に関して学ぶと同時に、マンデラはアフリカーンス語の文法も学び始めた。

同志たちはマンデラが孫子の兵法を読む理由は理解できても、アフリカーンス語の詩を読む理由は全く理解できず、よく敵の言葉を学ぶマンデラをからかったものだ。しかし、マンデラは、「敵を知り、己を知れば、百戦危うからず」（孫子の言葉）というように敵を知るためにはその言葉を理解する必要があると考えていた。彼は一歩先を見ていたのだ。つまり、将来の南アフリカにおいて、アフリカーナーを取り込まずして、平和的解決や政治体制はあり得ないであろうことを見据えていた。ＭＫの司令官ですらも、アフリカーナーをまさか南アフリカから追い出そうとは考えていなかったし、最終的には、彼らとの和解と交渉が必要になるであろうと理解していたのだ。

「なぜアフリカーンス語を学ぼうと思ったのですか」という私の質問に、マンデラは「公人として、この国で話されている主な二つの言語を知っていたいと思うからだ。アフリカーンス語は白人とカラード（有色人種）の大多数が使う重要な言語であり、知らなければ不利になるだろう」と、飾ることなく答えた。そして、一息おいて、「彼らの心に訴えたいなら彼らの言葉を話すべきだ」と言った。

「心に訴える」「頭ではなく心に向かって訴えかけよ」――説得術のコツとしてよく言われることだ。

これは私たちの日々の生活にも当てはまる。例えば、自分の考えを理解してもらおうと同僚を説得するとき。選挙などで自分に投票を呼び掛けるとき。または新規顧客を獲得しようというとき。相手に動いてほしいなら、相手の心に届かなくてはならない。

マンデラは白人に対してだけでなく、自分の支持者に対しても心に訴えかける手法をとった。しかし、白人を相手に「心に訴えかける」のは大変困難を極めた。

偏見は理性で片付くものではなく、道理を説くだけでは彼らの心に訴えかけることはできないと、マンデラは理解していた。白人にも民主主義と多様性のある国家を、頭だけではなく心でも受け入れてもらう必要があった。それが実現してやっと、マンデラが思い描いてきた和解が実現される。マンデラは常に人々の理性に訴えかけ受け入れられてきた。しかし、究極の勝利というのは、人々の心を掴んでこそ得られるものだと考えていたのだ。

*

地下潜伏生活も約一年半経った一九六二年、マンデラはボツワナ経由で南アフリカに入国した罪に問われ逮捕された。アフリカーンス語を学び始めて数カ月経った頃のことだった。当時、捕まれば国家反逆罪で死刑を宣告される可能性もあった。そのため、多くの人は、悪名高きリボニア裁判(結果的に一年続いた)が、マンデラの姿の見納めだと考えていた。マンデラは裁判が始まった頃の「親切な看守」とのやりとりについて教えてくれた。

『マンデラ、お前はどんな判決になると思っているのだ？』

私は、冗談めかして『おそらく絞首刑だと思う』と言った。本当は同情してもらえるだろうと期待していたし、そして、看守が『まさかそんな判決は出ないだろう』と言ってくれることを待っていたのだ」

マンデラはそこまで話してから、真剣な表情で黙り込み、私から目をそらしてうつむいた。

「しかし、看守は『お前の言うとおりだな。きっと絞首刑だ』と言ったんだよ」

アフリカーナーは、小細工をするような人々ではなく、あくまでも実直でストレートだ。彼らは、「ここは同情心を表しておいた方がいいだろうか」などと考えることもなく、ただ思ったことを口にする実直な人たちなのだ。

結局、マンデラと同志は終身刑を言い渡された。裁判が結審したその日の夜、彼らは空路でケープタウンまで移送され、最終的にロベン島へ送られた。マンデラは、そこで真剣に裁判官や看守たちの言葉であるアフリカーンス語を通信教育で学ぶようになった。ロベン島の特に最初の数年間は厳しい生活の中で、読むことが許された数少ない本の一つが「アフリカーンス語文法」だった。そして機会を見つけては、看守たちにアフリカーンス語で話しかけた。

一緒に収監されている同志たちは、マンデラの行動が理解できなかった。彼らにしてみれば、敵の言語を話すということは、抵抗すべき相手に対して服従しているように見えたからだ。しかし看守たちからは好感をもたれた。というのは、看守たちの英語はいまひとつで、多くの受刑者はアフリカーンス語を話さないか、または話すことを拒んでいたので、お互い意思の疎通ができなかったからだ。このような状況の中で、マンデラの努力はすぐに実を結んだ。夜になると看守たちがマンデラの房の窓際に来てアドバイスを求めるようになったのだ。

「ほぼ毎晩、特に週末の午後、看守たちは私と話にやってきた。そのときの彼らには傲慢さはなく、とてもいいやつもいた。私たち受刑者の扱いについて強く自説を述べる看守もいたのだ」と言う。おそらく、マンデラの努力が彼らの心に訴えかけたのだろう。このようにして、敵を味方に変えることができたのだ。彼にとって、無知からくる偏見に満ち満ちている看守たちは、南アフリカの白人社会の縮図のようであった。そんな彼らの心を掴むことができるならば、南アフリカのすべての国民の心を掴むこともできるだろう。

また、マンデラは、白人を理解するためには、彼らの言語だけではなく文化も知る必要があると考えた。アフリカーンス語の詩を暗唱し、南アフリカの白人たちの歴史を深く読み込んだ。彼らは開拓者としての歴史のみならず武勇伝にも誇りを持っていた。

白人たちは、第一次ボーア戦争〔一八八〇年〜八一年〕の際、当時世界最大の軍事国であった英国を相手に戦ったボーア人の将軍たちの名前を大切に記憶していた。マンデラは、将軍たちの名前とそれぞれの武勇伝を覚えた。白人たちの戦いについての本を読み進めるうちに、例えば、想像力が豊かでいて策略に長け、そして、一度決めたら頑として動かないという戦術の特徴が見えてきたのだ。後の政府との交渉の際に、マンデラが白人の将軍の名やボーア戦争についてあまりにもよく知っていたので、政府側の人間が驚いたほどだ。

ロベン島に収監されている間、マンデラは同志にアフリカーナーもアフリカ人であると説いた。彼らの祖先は、オランダやドイツ、その他のヨーロッパの国々からアフリカへ移住してきた人々であり、すでに、ヨーロッパとの絆も断たれ、アフリカ以外に故郷はない人たちなのだ。南米原産のジャカランダの木が長年かけてアフリカ文化のシンボルとなったように、彼らも今ではアフリカの地にしっかりと根を張っているのだ。

マンデラは、また、南アフリカの黒人と白人は、どちらも英国によって抑圧され、不安定な状態にさらされた経験を持つという大きな共通点があることに気がついた。白人には英国の帝国主義者たちから「黒人よりは一段階上」程度の民族として二流市民扱いを受けた歴史があり、彼らも一種の疎外感を抱えていたのだ。白人たちも彼らなりの不満を抱えており、その点ではアパルトヘイト下の南アフリカの黒人とさほど変わりはなかった。

マンデラは決して看守と親しくはならなかったが、時間が経つにつれ、看守たちの方が、マンデラと仲間の受刑者に対して敬意をもって接するようになった。

その後、ポールズムーア刑務所に移されたマンデラは自分だけの房を与えられるなどロベン島にいたときよりも自由であったが、フリッツ・ヴァン・シタート少佐という、政治犯の扱いに慣れていない人物に耐えなければならなかった。少佐は一般犯罪者しか扱ったことがなく、政治犯、ましてやマンデラのように世界的に最も有名な政治犯の扱い方など知るよしもなかった。少佐は政治犯に対しても、一般犯罪者と同じように接し、マンデラが少しでも特別な扱いを受けるようなことがあれば容赦しなかった。

そのような相手に対してすらも、マンデラは「必ず心を開かせることができる」と信じて、まずはヴァン・シタート少佐をよく知ろうと努めた。そして白人にとっては宗教的ともいえるほどの人気を集める国技、ラグビーに少佐が夢中であることを知った。ラグビーは白人たちにとって、自らの存在感を示すことのできる誇りの源だった。彼らは、緑と黄色のユニフォームを着た大柄で力強い白人選手がいるスプリングボックスという南アフリカ代表チームを熱烈に応援していた。

ヘルメットもかぶらず防御もしないまま、激しくぶつかり合う、スピードあふれるこのラグビーというスポーツほど、南アフリカの白人のアイデンティティを表すものはないだろう。そのため、黒人解放活動家は、ラグビーを白人の野蛮さのシンボルとみなし嫌悪してきた。そして、南アフリカの黒人は、スプリングボックスの試合相手を、文字通り「敵の敵は味方」として応援するのが常だった。南アフリカ代表チームの負けが、まるで、自分たちの勝利につながっているかのような錯覚を抱いていたのだ。

マンデラはヴァン・シタート少佐の心を開くカギはラグビーにあるとみて、少佐が一月に一度、様子を見に来るときに備えてラグビーの記事を読み、得点や選手の名前、その特徴を頭に入れた。

少佐はマンデラに対して無愛想に接し、マンデラとはいえ特別扱いは一切しないという姿勢を保っていた。マンデラが少佐に対して、アフリカーンス語でラグビーの話をどのようにしていたか、当時、ポールズムーア刑務所の警備員だったクリスト・ブランドが教えてくれた。マンデラの試みはすぐに少佐の敵意に満ちた心の鎧を外させることに成功し、少佐はラグビーのエピソードや自分の見立てなどを話すようになった。

一九八八年にヴィクター・フェルスター刑務所に移る頃には、マンデラはアフリカーンス語が上達しただけではなく、住居を与えられ、専属の料理人としてジャック・スヴァルト准尉がつくようになった。長身で軽快で、白髪交じりのひげをたくわえたスヴァルト准尉は毎日三度の食事の用意をしてくれた。マンデラは非常に彼のことを気に入って、「最高においしい食事を作ってくれたよ。彼は進歩主義で肌の色なんて全く気にしないいいやつだった」と言い、皿洗いを誰がするかで言い合いになったことなども懐かしそうに思い出して話してくれた。マンデラが皿洗いをすると言うと、それは自分の仕事だからとスヴァルトが言い張る。でも結局はマンデラが強引に洗うのだと。

マンデラの釈放後に、当時は刑務所の料理人となっていたスヴァルト准尉に会いに行った。准尉はどちらかというとぶっきらぼうな感じの人物だが、マンデラのことをとても大切に思っているのが手に取るようにわかった。彼らは二人とも、じっくり考え、注意深く、節度ある人間でお互いによく似ていた。二人の会話は何語で交わされたのかと私が聞いたら、准尉はようやく笑みを浮かべて、「私は英語で、彼はアフリカーンス語でお互いに話しかけていた」と言った。その理由を尋ねたら「私は英語、彼はアフリカーンス語の練習をしたかったのでね」と答えてくれた。マンデラのアフリカーンス語は上手だったかと尋ねると、准尉はまた微笑んでこう答えた。「彼はとても丁寧にアフリカーンス語を話していた」

確かに、マンデラの話すアフリカーンス語は教科書通りの正確なものだった。マンデラは、アフリカーンス語を丁寧に正しく話すことを通して、それを母語とする人々への敬意を表していたのだ。

*

第三章で、マンデラが当時のボタ大統領と会談が決まる前から、下準備を始めていたことなどについて触れた。ボタ大統領についての綿密な調査をし、会談でどのような話をするかについて何週間にもわたってまるで大俳優のごとくリハーサルを繰り返した。そして文字通り、マンデラは役柄になりきったのだ。

周到な準備にもかかわらず、いざ会談を前にして、マンデラは極度に緊張した。ボタは気が短く、黒人解放運動に対して好戦的だと聞かされていたからでもあったが、ボタとの会談はこれ以上ないほどの危険に満ちた賭けでもあったからだ。

約七〇年のＡＮＣの歴史の中で、その指導者が南アフリカの大統領と会談をするのは初めてだった。そして、このたった一回の会談は、この国が人種差別のない民主主義への平和な道へ進むのか、それとも、流血の内戦に突き進むのか、まさに重大な分かれ道だったのだ。加えて、万が一、この交渉に失敗すれば、マンデラ自身も同志からつまはじきにされる可能性があった。

会談当日、マンデラは朝早く起きて、出発の何時間も前から準備を整えて、ケープタウンにある大統領官邸「トインハウス」まで車で向かった。官邸に到着後、司法大臣のコビー・クツィエがダイニングへ案内した。クツィエは、長い刑務所暮らしでネクタイをうまく結べなくなっていたマンデラのネクタイを直し、しゃがんで靴の紐を結び直した。

「私が緊張して部屋に入ると、大統領もちょうど向こうの入り口から部屋に入ってきた。私たちはほぼ同時に部屋に入ったのだが、大統領が間合いを計っているのは明らかだった。ボタは満面の笑顔で手を差し出した」とマンデラはそのときの様子を語る。マンデラも自信に満ちた様子で手を差し出し、アフリカーンス語で挨拶をした。
ボタも挨拶を返し、自らマンデラのカップにお茶を淹れてすすめた。マンデラとボタはお茶を飲みながら話をしたが、マンデラはボーア戦争での有名な戦いや大将の名前を挙げて、南アフリカの白人の歴史全般に詳しいことを示し、ボタは非常に会話を楽しんだ。

こうしてボタの心を開いた後で、マンデラは、真剣かつ微妙な話題を持ち出した。第二次大戦中、南アフリカはアフリカーンス語を話す国民党ではなく、英語を話す統一党が政権を担っていた。政府がドイツに対して宣戦布告をした際には、多くの白人たちが激しく反対した。白人のリーダーたちの反英感情は非常に強く、ドイツ側について戦うことを望んだのだ。その二五年ほど前、第一次世界大戦勃発時には、一部の白人は当時の政府に対して正面切って反発し、一〇〇人以上もの政府軍兵士を殺害したという事実がある。そして、このような反乱を先導したにもかかわらず、反政府勢力の指導者は約一年後には釈放された。マンデラはそうした歴史的な事実を引き合いに出した。

このときのマンデラの目的は、ボタに対して自分がいかに白人たちの歴史を理解しているかを見せるだけではなかった。かつて彼らが英国に対して反抗したときと同様、ＡＮＣもアパルトヘイトに対して反抗しているという類似点を示し、反抗の正当性を見せることであった。そして、マンデラは当時の政府が反政府活動家を収監してから半年程度で釈放しているのに、自分や同志たちは二〇年以上も収監されていることをそれとなく遠まわしに伝えたのだ。

マンデラがウォルター・シスルの釈放を切り出したとき、そのときまで公の場でシスルの釈放を断固拒否してきたボタは、意外にも釈放に合意した。白人アフリカーナーたちは、実直さを美徳だと考え、自分にも他人にも実直さを求める。マンデラは、実直でそして心優しい人物だった。そして、ボタも、そのような人物だったのだ。

＊

ラグビーというスポーツは、大統領に就任した後のマンデラにとって、大事な問題となって再び登場する。大統領の第一の役割は国の父親的存在になること、つまり、白人と黒人を共通のビジョンで一つにまとめ上げる家長のような存在になることだった。黒人の権利のために力をそそぐべきマンデラが、白人たちの恐怖心を解きほぐすことに多くの時間を費やしていることを批判する者もいた。しかし、マンデラの狙いは、強硬な反革命運動をしている極右派の白人アフリカーナーたちを弾圧することなく、取り込むことにあった。そして、たとえ極右派の彼らを説得できなかったとしても、少なくとも右派の支持に回りそうな中道派の白人層たちを取り込むべく時間を費やしていたのだ。

一九九四年から九五年の間、マンデラは、まだまだ不安定な情勢が続く南アフリカで過去に負った様々な心の傷を癒やし、国をひとつにまとめるために一風変わった策を講じた。それはスポーツを利用することだった。

長年にわたりANCは南アフリカのラグビー代表チームであるスプリングボックスが国際試合に出場できないようにするために、あらゆる手段を使って妨害してきた。しかし、ここにきてマンデラはスプリングボックスの国際試合参加を認め、ラグビーのワールドカップを南アフリカで開催しようと働きかけた。ラグビーは国の分裂のもとではなく、国を一つにすることができるものだと考え、ラグビー関係者への働きかけを開始した。チームキャプテンで身長二メートルのフランソア・ピナールは、マンデラの人柄に魅了され友人となった。政治に無関心で、かつ黒人指導者に対して不信感を抱いている武骨な白人からなる代表チームを、マンデラは何度も訪ねた。

一九九五年五月、前回大会優勝のオーストラリア代表との試合前日、マンデラは南アフリカ代表チームの練習キャンプ地に、チームの帽子をかぶった姿で現れた。そして、白人も黒人も全国民が国を挙げてチームを応援していることを選手たちに伝えた。当時の監督はそのときの様子を振り返って、「マンデラは選手たちの心をつかんだんだ」と『インビクタス』（八坂ありさ訳、日本放送出版協会、二〇〇九年）の著者であるジャーナリストのジョン・カーリンに語っている。

マンデラが示した融和の姿勢として最も有名なのは、一九九五年、ヨハネスブルグのエリスパークスタジアムで行われたラグビー決勝戦にスプリングボックスのジャージと帽子姿で登場したことだ。試合前にチームキャプテンに挨拶をしようとフィールドに向かったマンデラに対して、ほとんど白人で埋め尽くされたスタジアムからマンデラコールが起こったのだ。それは、スポーツにとって、そして政治にとっても感動的な瞬間だった。

ロベン島でマンデラと一緒に収監されていたトウキョー・セクスウェールが後にこのように語っている。

「あのとき初めてわかった。自由への闘争というのは、黒人を解放するためのものだけではない。白人を恐怖から自由にするためでもあったのだということが」

マンデラが「敵を知る」と言うとき、それは単に戦術について語っているのではない。敵でさえもどこか「共感」できる部分があるということなのだ。

「敵に会ってみたら、ヤツは私たち自身だったよ」

ウォルト・ケリーの漫画『ポゴ』の有名なせりふにこのようなものがある。

こちらが敵に対し、懸命に心を開こうと働きかける。その姿勢は、敵の心をも解かし一種の信頼感を生む。自分自身が譲歩する必要がなかったにもかかわらず、マンデラは白人たちに自ら歩み寄っていった。その努力を目の当たりにして、白人たちもマンデラに信頼を寄せるようになった。そして、ついにマンデラは、彼らの心を掴むことに成功したのだ。

「敵の心を掴んだ、と得意になってはいけない。自分が勝っているときこそ、最大の慈悲の心を持って相手に接しなくてはならない。いかなる状況においても、相手を侮辱してはならない。相手の誇りを大切にしなさい。そうすれば、敵はやがてあなたの友となるのだから」

マンデラは私たちにこのように教えてくれている。

第9章

敵から目を離すな

マンデラは、自分の味方に対してはあまり配慮しない。しかし、敵には相当な神経を使って接する。味方の動向を把握していないときでさえ、敵の動きは常に把握していた。味方ならば必ず支持し助けてくれるだろうという確信があり、敵ならば必ず自分に対抗してくるだろうと前もって予測しているからである。

一番やっかいなのは、「味方のふりをした敵」だ。彼らには十分に注意を払わなければならない。その点でマンデラは常に抜かりがなかった。

マンデラは、敵の動向を把握するためには慎重に慎重を期していたため、シークレットサービスや探偵などの手を借りることはなかった。なぜなら敵というものは、遠くから見るのではなく、自分の近いところに置くことが、彼らを知る最も良い方法だとわかっていたからだ。実際にマンデラは敵と会議などで同席する際、なるべく自分の近くに来て座るように仕向けた。

そうやって、敵を自らの視野の中に文字通り収めておくのだ。

敵の動向を注視する。この行為は、マンデラという人物が持つ周到な面をよく表している。私たちは普通、想定外の出来事を考慮し、起こりそうもないことについてまで準備する必要があるのではないかと考える。しかし、マンデラは違う。

「そもそも想定できる物事に対して十分な準備をしていると言えるのか」

起こりそうもないことに対する準備よりも、起こりうる確率が高いものに対して十分な準備をする必要があるのだ。例えば、見えている敵に対する準備がその一つだ。


マンデラは、行く先々、大抵の場所で注目の的になる。その立ち姿は、誇りと自信に溢れ、顔を上げ、前をまっすぐ見据えるような、まるで硬貨に刻まれた像のようだ。彼は、注目の中心に立って一人ひとりの目を見つめ返し視線で聴衆の心を掴んでいく。しかし、いったんスポットライトの中心から外れると、今度は、自分が他者を注意深く観察する側にまわる。そして、彼の視線の先にいるのは味方ではなく、彼が敵とみなすもの、または今後、敵になる可能性があると思われるものである。

マンデラは、彼らの様子を、話し方から握手の仕方にいたるまで微細に観察することが肝要だと考えていた。

「内閣のメンバーの中に、握手をする際に私の目を見ない閣僚がいるのだ。あまり好ましくない予兆だ」。マンデラのこの言葉がそのことを物語っている。

多くの政治家やリーダーたちと異なり、マンデラは忠誠心を必要以上に重視することはない。もちろん忠誠があることを期待していたし、期待がはずれて失望することもあった。しかし、政治や人生において、忠誠心というのはその時々の状況に大きく左右されるものだと認識していた。

そもそも忠誠心とは、相手のためのものではなく、自分自身の利益につながるものだと割り切っていた。そのため、完全なる忠誠心というものは存在しないとも考えていたのだ。マンデラは、マンデラに従うことが、結果として自らの利益になるのだということを敵に理解させたいと考えていた。そして、たとえそれが無理だとしても、少なくともマンデラに対して反旗を翻す余地を残さないようにしておきたかったのだ。

このように、敵に対して注意深く警戒していても、常にうまくいくとは限らないものだ。マンデラは、他人の良いところを見ようとするために、時として影の部分が見えなくなってしまうことがある。そして、お世辞や表面的な魅力、富などに影響されやすい面もある。しかし、マンデラの場合、「人間の弱さ」に対する嗅覚はすぐれており、その弱さゆえに衝動的かつ感情的に行動する人物に対しては注意を払うのである。それは、かつてANCの年配のリーダーたちにとっては「脅威」とみなされていたマンデラ自身がそのような若者であったからだ。マンデラは、思慮の浅い衝動的な人間は、長期的なプランを破壊してしまう可能性を秘めていると知っており、特に目を光らせていたのだ。

マンデラの出所直後から、ANCの新旧メンバー間の緊張が顕著になった。マンデラの目には強硬派と和解派という二つの陣営が存在しているように映った。これは年代による見解の相違で、若いリーダーたちはマンデラの世代のメンバーより攻撃的で挑発的であった。若手リーダーの一人にバントゥ・ホロミサという一九八七年の軍事クーデターを主導し、トランスカイの実権を握った人物がいた。当時、ホロミサは三十代後半だったが、見た目は年齢以上に若く、快活な笑顔で、体格のいい若手リーダーであった。

私からすると、ホロミサは旧来的リーダーの姿と革命家的リーダーの姿を併せ持った興味深い存在だった。野心家でせっかちな性格を持つ彼は、「マンデラが政府を信用し妥協し過ぎている」などという左派の論調に影響を受けていた。マンデラは、ホロミサを弱い人間だと考えていた。

「バントゥはどこだ？　大将は？」

マンデラはトランスカイでは、常にホロミサをこう言いながら探し、自分の視野の中においておきたがった。ホロミサが部屋に入ってくると、マンデラは自分の隣の席を指して「バントゥ大将、ここへ座りたまえ」と言って隣に座らせた。そしてアフリカの伝統的慣習にのっとりホロミサの手を握ったが、実はマンデラが慣習通りに相手の手を握ることはあまりないのだ。公の場ではホロミサを息子のように扱うマンデラであったが、実の息子に対してはホロミサにするような打ち解けた様子は見せないのだ。

マンデラは公の場以外では、ホロミサは危険人物であり常に監視しておく必要があると語り、常にホロミサから目を離さなかった。ホロミサのテリトリーであるトランスカイで何らかの行動を起こす際、マンデラは決まってホロミサを同席させ、ホロミサ自身はその扱いをとても光栄に思っていた。

マンデラの狙いは、ホロミサに自分はなくてはならない存在であると感じさせることによって、彼を巻き込むことであった。実際に、マンデラに手を握られたり肩を抱かれたりするたびに、ホロミサは喜びと誇りを増幅させているようだった。ホロミサは、「マンデラは喜んでいたか」と私にも聞いてくることがあり、「もちろん」と答えると目を輝かせることがよくあった。

私もしばしば「物事をお願いすることによって相手に重要感をもたせる」という方法で、相手の関心を引き寄せようとする。同じようにこのときマンデラは、ホロミサに対して、重要感を持たせることによってマンデラに対する忠誠心を育もうとしていたのだ。その結果、ホロミサは、マンデラに対して格別の忠誠心を持つようになっていった。

マンデラはクリス・ハニに対してもホロミサと同じ理由からほぼ同様の扱いをした。非常に好戦的で激しい気性の持ち主だったハニは、暗殺されるまで、南アフリカでもっとも人気のある若手リーダーの一人であった。マンデラの主張とは異なり、過去を忘れられない、忘れようとしない無数の黒人が南アフリカにはいて、彼らにとって和解よりハニが主張する復讐の方が魅力的な選択だった。

マンデラはこういった人々に対して、「もう片方の頬をも向けよ」と忍耐強く寛大になることを求めた。しかし、寛容な行為はただでさえ難しく、ましてや何世代にもわたり抑圧され選挙権を剥奪されてきた人々にとってはとても受け入れがたいことであった。

マンデラはハニという人物に、怒りと苛立ちを抱える若かりし日の自分を重ね合わせたからこそ警戒した。そしてハニを遠ざけるのではなく、逆に彼を身近に置いておくことにしたのだ。

ヨハネスブルグでの会議や旅、式典などの際、マンデラは必ずハニをメンバーに入れるよう側近に指示していた。そして、ホロミサのときと同様、ハニを隣に座らせて手を握った。このような行動は、ハニを監視しておくという目的はもちろん、政治的演出という意味合いもあった。ハリウッドのベテラン俳優が、若手俳優と共演することで、まだまだ現役だということを伝えるような効果を考えていたのだ。

ヨハネスブルグ郊外でのマンデラの演説会でのことだ。私もハニと同席したことがある。マンデラは演説の中で、南アフリカの主要な実業家たちに会ってANCへの献金を募ったときのエピソードを話した。

「小切手をもらうまではそのオフィスを出るつもりはなかった」。そして「私の期待が裏切られることはなかった」と付け加えた。このエピソードは、当時マンデラがよく話したものだ。彼としては、白人実業家の中にもマンデラたちの闘いを支持してくれる者がいるのだということを伝えたかったのだが、その意図に反して、聴衆はマンデラが強硬手段で政治的脅しをしているのではないかという印象を持ってしまった。

私はハニに体を寄せて、マンデラの意図が聴衆にうまく伝わっていないと思うと告げると、ハニも同じように感じていたらしく「同感だ」と言った。

私が「マンデラにそう言って進言すべきだと思うが」と言ったら、彼は微笑んで「あんたが言えばいいだろう」と私の顔を見据えて言った。まるで父親に対して気おくれしてしまい、正面からぶつかることを避ける息子のように、ハニはマンデラを落胆させるようなことを言いたがらなかった。しかし、まさにそう言う点がマンデラを心配させるのだった。マンデラは本当の気持ちを隠すのではなく、正面からぶつかって議論することを望んでいたからだ。

ハニとホロミサに共通していたのは、未熟さだった。頭で考えるのではなく、「心」つまり感情に判断をゆだねてしまう「未熟さ」だった。

マンデラは、二人に共通する「未熟さ」の原因は、自分自身への自信のなさからくるものだと考えていた。その意味で、彼らは危険で、信頼しきれない存在であった。一つには、彼らの不誠実さの問題があり、もう一つには、感情的でいつ何をするかわからないという不確実性の問題があった。

この二つの問題の根源は、全く同じではないが重なる部分がある。感情的な人間は、間違った判断を下しやすく、結果的に、不誠実な人間になる可能性が高いのだ。

*

マンデラが、怒りと敵意をあらわにして語気を強めた相手はたった二人だと聞いた。一人は、第七章でも紹介したF・W・デクラーク。そして、もう一人は、ズールー族のリーダーでインカタ自由党設立者のマンゴスツ・ブテレジである。

協力者に変わる可能性のある敵であったデクラークに対して、ブテレジは敵に豹変する可能性のある同盟相手だった。ブテレジは、南アフリカの大統領選挙において、マンデラに真っ向から対抗する可能性のある人物で、マンデラは彼を目的達成のためなら国を内戦に陥れることも厭わない人物だとみなしていた。

他人の良いところを見ようとするマンデラの真意は、ブテレジには通じなかった。彼はブテレジを気まぐれで信頼できないと言い、私はマンデラから一度もブテレジについて称賛の言葉を聞いたことがない。ブテレジとは一対一で交渉をして、お互い理解を示し、合意の握手をしたにもかかわらず、彼はのちに約束を撤回したとマンデラはこぼした。

一九九一年の多党会議の際、マンデラは部屋の反対側にズールー族の王と一緒にいるブテレジを見つけ、王と握手をしようと部屋を横切り近づいて行った。マンデラによると、そのときブテレジが王に握手をしてはならないと主張し、ズールー族の王はマンデラと握手をしようとはしなかった。

「王はきっと後悔していたんだろう。後になって、王の使者から、『王は一般人とは握手しないのが通例です』という伝言を送ってきたんだ。しかし、その王がデクラークと握手しているのを見た。王が握手しないのは黒人の一般人なんだろう」。マンデラは微笑んで言った。

こうした二人の関係があったため、マンデラが自分の最初の内閣内務大臣としてブテレジを入閣させたことに驚く人々もいた。

「自分に一番近い場所においておくなら内閣に取り込まない手はないだろう」

マンデラは、ズールー族のリーダーであるブテレジの存在を非常に危険だと感じていたからこそ自分の視野に入れて監視する必要があると思ったのだと説明してくれた。そして、演技力があるとは言えないマンデラが、組閣発表の記者会見では、ブテレジをあたかも真の政治家として扱っているかのような名演技を披露したのだ。

予期せぬ攻撃に対して、私たちがとれる絶対確実な策はない。しかし、敵を常に自分の視野に取り込んでおくことで、見張られている状態にある敵に考えを改める余地を与えることができる。そうすれば、少なくとも、不意打ちを食らうことはないとマンデラは教えてくれている。

第10章

しかるべきときにしかるべく「ノー」と言え

ネルソン・マンデラの辞書には、「おそらく」という言葉はない。その言葉のかわりに、沈黙があるのみだ。マンデラは、答えを出す前に、じっくり時間をかけて考える。押し黙ってしまう様子に、早く答えをもらいたいあなたはイライラさせられるかもしれない。いずれにしても、耳当たりの良い適当な答えを出して、その場をごまかすということは絶対にしない。

マンデラは人を喜ばせる天性の才能を持っており、人を落胆させることを好まない。彼は、「ノー」という言葉を誰よりも巧みに使う。場合によっては「少し考えさせてくれ」と言うだろう。しかし、すでに「ノー」と答えが決まっているときは、そのまま「ノー」と言うのだ。「ノー」と言った後の結果を考えると、「ノー」という言葉を使うのが、いかに難しいことかが理解できる。

「ノー」を巧みに使うマンデラにしても、自ら好んでこの言葉を使うということはない。事実、彼が「ノー」と言うとき、相手の感情に配慮し、できる限り丁寧に伝える努力をしていることがわかる。

その一方で、彼は言うべきときに「ノー」と言わないことこそが、のちのち相手にとって、かえって事態を悪化させるということを十分理解している。結果として誰かをがっかりさせてしまうことがはじめからわかっているときには、マンデラは、早く伝えてあげた方がいいと考えている。甘い言葉でお茶を濁したり、嫌な役目を他人に押し付けたりすることは決してない。マンデラの「ノー」は、ストレートで、淡い期待や、議論の余地などが残されていない最終的な「ノー」なのだ。

ここに一枚の有名な写真がある。ロベン島で撮影された、マンデラとウォルター・シスルの姿が映っている写真だ。ウォルターから離れた位置で、視線を落としながらも、マンデラは相手を指差している。これが、「ノー」というときの典型的な姿だ。理由を説明するために、一瞬視線を落とす。それから、相手の目をしっかりみつめ直してこう告げる「すまないが、答えは『ノー』だ」

マンデラは、政治活動の中で、多くの種類の「ノー」を言わなければならなかった。若かりし日、共産主義者がANCに入ることに対しての「ノー」。リボナ裁判での、勝訴のために過去の革命行動を隠蔽する弁護手法に対する「ノー」。デクラーク大統領が、政府の白人至上主義を継続しようとしたことに対する頑なな「ノー」。これらの場合、マンデラの「ノー」という言葉は、彼の信条を守り抜くために絶対に譲れない種類の「ノー」だったのだ。

私はしばしばマンデラ流のストレートな「ノー」の犠牲者になった。例えば、会議や旅行、夕食の場などに随行させてもらえるかどうかを尋ねたときのことだ。「よろしい。一緒に来たまえ」と言われることもあったが、随行できないと答えがわかっているときは、ストレートにそう言い渡された。

「後で電話する」「だれそれと確認する必要がある」などと言うことは一切なく、「リチャード、それは良い考えではない」「悪いがそれは無理だ」と、その場で明快な答えをくれた。そんなとき、彼はすまなそうにする態度は一切とらなかった。「Aでなければ、イエスだった」とか、「普通なら、君に行ってもらいたいんだが……」などというまどろっこしい言い訳も一切ないのだ。言い訳は、不信感のもとだ。あいまいな「ノー」は、ストレートな「ノー」よりも人の心を傷つけるものだということを、マンデラは経験から学んでいたのだ。

マンデラは、「ノー」という言葉を使う際に、自分なりの戦略を持っていた。そして、言う必要のない「ノー」は決して言わなかった。無駄に「ノー」を言うことで何が得られようか？そもそも必要のないときに、イエス・ノーと区別することに意義などないと考えていた。

モントルー山への旅から帰宅した後、実に有意義な旅だったと話してくれた彼に、「山がお好きなんですか」と尋ねたことがある。少し沈黙した後、「嫌いではない」と答えた。マンデラ特有の答えだ。

「山は嫌いだ」と言うことで、何を得るだろう？

支持者の中には、山が大好きだという者もいるだろう。ならば、どうして必要もないのに山が好きだという支持者たちにきまりの悪い思いをさせるのか。同じ理由から、マンデラには、お気に入りのスポーツチームもなかった。なぜなら、一つのチームの側に立てば、意図せずとも、反対のチームのファンを攻撃することになるとわかっていたからだ。マンデラは、答える必要のない問いかけには答えなかった。

マンデラ自身にとっても、「ノー」と言わなくて済むのであれば、それにこしたことはなかった。自伝執筆のためのインタビューも佳境に入っていた時期、マンデラには、ANCのリーダーとして、党のキャンペーン活動や交渉にもっと集中するようにという大きなプレッシャーが周囲からかかっていた。そして、我々は急がなくてはならないと言われた。そのため、早朝と午後の早い時間に、一日二回のセッションを設定することになったのだが、ある日、私は彼にどうしてもお話しをさせていただきたいとお願いした。

するると、彼は警戒した様子を見せた。ホートンの彼の邸宅の陽の降り注ぐ居間で、私たちは、お揃いの椅子に腰かけて向かい合った。私が会話の口火をきると、彼は、複雑な表情を見せた。彼の厳かな表情からは、何も読み取ることはできなかった。

「私たちは、いわば、大きな山の山頂に近づいている二人の登山者です。まだまだ山頂は遠いように見えるかもしれません。でも、後ろを振り返り、登ってきた長い道のりを考えると、確実にゴールの近くにいるのです」。マンデラは、黙ってうなずいた。

「あと、一〇時間だけお時間をいただけないでしょうか。最後の五時間で、刑務所から出られた後のお話を伺いたいのです」。そうお願いした私に、彼は深呼吸をし、少し考えた後、「いいだろう」と答えた。「ノー」と言わなくて済んだことで、肩の荷がおりたような様子をしていた。私も同じように感じていた。

一週間ほど経過して、さらに時間を増やすお願いをしたが、彼は指を差しながら「ノー」と言った。


マンデラの人生は、常に選択の連続だった。いつ行動を起こすか。いつ「ノー」と言うか。いつ前進するか。いつ事態を展開させるか。

マンデラは、人生の長い期間、刑務所で過ごすことを余儀なくされた。その間、自分自身が主体的に物事を動かしていくことの限界を思い知らされたのだ。そして、多くの問題は、自然の摂理によって解決していくものだという理解に至った。時間をかけることによって自ずと問題解決の糸口が見えてくることもある。もしそうならば、十分に時間をかければよく、何も心配することはない。

しかし、自分が問題に向き合いたくないがために、意思決定を先延ばしにすることはやめた方がいい。今すぐ、その問題に向き合い、選択し、明らかにする。それが、長期的に見れば、問題解決の近道になるのだから。

第11章

長期的な視野を持て

マンデラは、二七年間の刑務所生活を通して、多くのことを学んだ。その中の一つが、長期的な視野を持つということである。若かりし頃のマンデラは、どちらかというとせっかちな男だった。しかし、刑務所での生活を通して、早急な行動は誤った判断につながること、常に落ち着いて行動することが肝要だということを学んだ。さらに、成果の報酬を享受するためには、忍耐が必要だということを学んだ。最終的に、マンデラは「忍耐」のお手本のような人物になった。

現代の社会では、素早い行動を美徳とし、スピードを重視するあまり努力の結果をすぐに求めがちである。また、成果から得られる報酬をいち早く手にしようと焦るあまり、視野が短期的になり、その結果、自分中心の考え方に終始する傾向がある。

目の前にあるチャンスをとにかく早くつかもうとして、よく考えることもせずに、答えを出してしまうのだ。マンデラは、このような見かけだけの緊急性にせまられて、適切なタイミングの前に意思決定すべきではないと警告する。

もちろん、チャンスを掴むためには、スピードが大事な場合もある。しかし、十分に時間をかけて行動し、機が熟すのを待つほうが、より良い結果を得られることが多いのだ。意思決定が早く、決断力のある人間だという印象を与えるためだけに、性急に行動することは慎むべきである。一見、遅鈍なように見えても、慎重なほうが良いのである。

歴史というものは、多くの年月を積み重ねて作られてきたものであり、一朝一夕には変えられない。そして、マンデラは、どんな手段を使ったとしても簡単に塗り替えられるものではないということも実感していた。

何千年もの間続く人種差別、様々な種類の弾圧。何世紀にもわたって行われてきた植民地支配、何十年も続いたアパルトヘイト政策。このような歴史的事実は、短期間で簡単に是正できるものではないのだ。

刑務所時代の前にさかのぼる。当時、マンデラは南アフリカの「あるべき姿」を描く一方で、現実とのギャップに苦しみながら焦燥感を抱いていた。ANCの指導的立場にある旧世代のリーダーに対して、十分なスピードで物事が進まず事態が変わっていない点で不満を抱いていたのだ。リーダーたちは、守りの姿勢に入り過ぎており、いわば現状維持に甘んじているとすら考えていた。

後に、彼自身が刑務所において、いわばこの旧世代のリーダーと同じような状態に陥ることになった。そのとき、彼は二つのことに気づいたのだ。一つは、忍耐強く慎重でありながら、急進的で大胆に行動することは、相反するものではなく両立可能であるということ。そしてもう一つは、物事が進んでいくスピードよりも、物事がどこに向かっているのかという方向性が大切だということである。

「決断力がある人物」というのは、意思決定のスピードが速い人という意味ではない。なぜなら、本当の意味の決断力とは、十分な時間をかけて幅広い角度から分析し、必要とあらば自分の温めていた考えを曲げてでも、最善の判断をする力を指すものだからだ。

ロベン島の刑務所の若い服役者たちは、事態の進展が遅々としていることに苛立ち、マンデラが政府に対して弱腰になっていると感じていた。マンデラは、彼らとの対話の中で、「物事は無理に押し進めてはいけない」と戒め、長期的な視点を持つようにと諭した。彼らは、「なぜですか。すぐに行動を起こすべきではないのですか」と尋ねた。

「君たちのその思いは理解できる。君たちの言うように行動すれば短期的には成果がでるかもしれない。しかし、我々の戦いは長期戦だ。長期的で幅広い視野を持って行動すべきなのだ。そうすれば、最終的には、もっと大きなものを勝ち取ることができるに違いない」とマンデラは答えた。

「長期的視点」は、マンデラが頻繁に使う言葉の一つだ。これが彼の考え方の根幹であり、彼の持つ戦略的思考が一番活かされる視点だ。

マンデラには決して軽率なところがなく、じっくりと物事に向き合うタイプの人間だ。陸上競技に例えてみてほしい。短距離走、中距離走、長距離走。それぞれ生まれながらに得手、不得手があるように、マンデラは、長距離走が得意なのだ。長い長い道のりを深く深く考えながら進む。彼にとって刑務所生活は、まさにマラソンのようなものだったのだ。

「長期的には良い結果になるだろう」――マンデラは、会話の中でしばしばこのようなことを言った。ある意味楽観的な見方かもしれない。しかし、それは現実的で慎重である証だ。何も行動せずにただ期待して待つということはしない。

マンデラは、長きにわたる苦難の時代にあっても、なにか奇跡が起こって物事が良い方向に動くなどということは一度も考えたことはなかった。奇跡などというものが存在するならば、それは、人間の力によって成し遂げられたものを「奇跡」と呼んでいるに過ぎないと考えていた。すべての物事は、人間の血と汗のにじむ努力から成し遂げられたもので、何事も運任せにしていいはずはなく、神業などないと考えていたのだ。

大統領に選出されたとき、到達すべき最終的なゴールは新しい国家を創ることだと考えていた。これは、喫緊の問題をないがしろにするということではなく、むしろ、それらを解決していくことこそが、長期的な目標に向かっていくための一歩になると考えていた。

基本的に、マンデラの視点は長期的な視野に注がれていた。しかし、同時に、短期的な視点と長期的な視点が、同じ方向を目指しているかどうかに特に心を砕いていた。「広い視野を持ちなさい」。彼はよくこう言った。そして、彼自身がその実践者であった。

マンデラにとって、目先の問題は、長期的なゴール達成への妨げとなるものに他ならず、時には彼を苛立たせることもあった。私たちは、目の前で日々発生する問題を解決することに追われてしまい、大局的な問題の存在を忘れてしまう。マンデラはその危険性をよく理解していたからこそ、常に長期的視野に立って先にあるゴールを見つめることを忘れなかった。

出所後、マンデラは技術の進歩に驚愕した。以前の南アフリカには、テレビなどはまだなく、二四時間放送のケーブルTVニュース番組など、その存在すら知らなかったのだ。最初の記者会見の場で、マスコミから長いマイクを向けられたマンデラは、マイクを武器だと思い込み、護身のために身を縮めたほどだった。またあるとき、飛行機で電話がかけられることを知ったマンデラは感激したという。

このような技術の進歩は、人々のライフスタイルに変化をもたらした。マンデラ自身は、新しい生活リズムに馴染めなかったし、彼の心にも葛藤をもたらすことになった。彼は、次々に変化する情報への対応に翻弄されるのは好ましくないと考えていたが、その一方で、どんな小さな問題でも適切に対応しなければ、後に大きな問題に発展しかねないことも認識していた。

マンデラは、常に歴史的観点から物事を判断していた。歴史的観点は、長期的視点とほぼ同義語だ。「一人ひとりが生きた証を残すために懸命に生きること。それは、とても重要なことだ。しかし一方で、一人の人間ができることには限界がある」とマンデラは考えていた。「歴史が人を創るのか。人が歴史を創るのか」という古代哲学者の問いかけに対し、マンデラは、「歴史が人を創る」と答える。「歴史こそが、壮大な力をもたらし、優れたリーダーを形成するのだ」と。

リーダーは、持って生まれた優れた遺伝子と秀でた能力が備わっていなければならない。しかし、それだけではリーダーとは言えない。過去の優れた名高いリーダーたちは、時代の要求によって、リーダーになっていったのである。つまり、時代の要求があってこそ、リーダーが育まれる。その時代の要求に応えるべく、彼ら自身が尽力し、本物のリーダーになっていくのだ。決して、リーダーが歴史を創るのではないのである。

マンデラの側近の一人である活動家のシリル・ラマフォサは、マンデラを「歴史的な人物」と称する。

「彼は当時から、我々の思考をはるかに超えた視点を持っていました。未来の姿を明確に描いていたのです。そして、歴史は彼を裏切りませんでした。未来は彼が当時描いた通りの姿になったのです」

マンデラは、リーダーは全人格的に評価されるべきであるという信念を持っていた。マンデラも他者を評価する際に、そうするように努力していた。何か特定の出来事だけを判断材料にするのではなく、今まで彼らが人生の中で何を成し遂げてきたのかをもとに評価することに努めた。

「刑務所では、名もない受刑者、過去には要職についていた受刑者にかかわらず多くの人間に失望したものだ。解決しなければならない問題に対して立ち上がろうとの呼びかけに対し、彼らは『無理だ。殺されるだけだ』と言うばかりだった」

それだけ失望させられたにもかかわらず、彼らのことを、その事実だけで判断することはしなかった。一つの側面だけでなく、すべての側面を総合的に判断するべきであると考えていたからだ。

マンデラは刑務所の外のヒーローが必ずしも中でヒーローであるとも限らず、その反対もまたしかりであると考えていた。

「弱さを見せたからといって、彼らが誇るべき人格を持つ人間であることには変わりないのだ」。このことは、マンデラが寛大な心と、幅広い視野の持ち主であることの証拠だ。そして、「善」は「悪」よりも比重が重いと考えていた。よって最終的には、「善」の重みを重視していた。時には判断が鈍ることもあったが、すべての人間には、善い面と悪い面があると考えており、できる限りすべての側面を見て判断しようと心がけていたのだ。

あるとき、マンデラに「あなたは幸せですか」と問いかけたことがあった。マンデラは眉をしかめた。この種の問いかけは、表面的であり、同時に深淵なものでもあり、答えるのが難しい問いかけだった。考えをめぐらせた後、彼は口を開いた。

「私の父は、若くして、破産同然の状態で亡くなった。母は、自分の産んだ息子が犯罪者になってしまったことを悔やみながら死んでいった。これは、私が一番後悔していることの一つだ。私の志、私が何のために戦っているのかを、母に丁寧に説明し理解を得る努力をしなかったこと。これを私は深く後悔している」。彼は、実の娘たちと敵対しなくてはならなかった葛藤についての話も加えた。

また、刑務所の中で読み味わった古代ギリシャの作家の作品について、「古代ギリシャの作家たちの視野は素晴らしく広かった」と述べ、作家の名前は覚えていないのだが、と言いつつこう話した。
「クロイソスが、賢人に『あなたは幸せですか？』と問いかけた。賢人は、『人間は、死ぬときになってはじめて、自分が幸せだったかどうかがわかるものだ』と答えたんだ」

マンデラは、この賢人の考えを共有し、慎重に生きることでこの考えを実践していた。人生には、最後の最後になって大きな変化がやってくるかもしれない。だからこそ、常に手綱を引き締めて、危機に備えていかなくてはならないのだ。

マンデラは、人生に満足していた。彼は、数々の不幸な出来事を乗り越えなければならなかった。しかし今、人生の最終章を迎えるにあたり、自分の人生が思い描いた通りの人生であったことをかみしめ、歴史が彼に味方してくれたということを知ることができた。

その意味で、「彼は幸せだ」と言えるだろう。

第12章 愛ですべてを包め

マンデラは、元来、非常にロマンチストであった。しかし、彼は人生の中で、ロマンチストでありながらも、時に実利的にならざるを得なかった。

生涯のほとんどの時期において、マンデラにとって愛とは目の前に現実としてあるものではなく、どこか遠く、想像の中、または記憶の中にあるものであった。いざ愛が現実のものとなると、それは心を慰めるものではなくむしろ痛みの源となっていたが、マンデラは人生が愛に満ちたものになることを決して諦めることはなかった。

アパルトヘイト時代の南アフリカでは、公の生活と私生活を同時に生きるということが許されてはいなかった。例えば、マンデラは公には二七年にもわたって収監され、私生活はなく、心を癒すものはほとんどなかった。

アパルトヘイトのもとで、黒人は、公的な場所と私的な場所を分けるように強いられていた。一般的な黒人の場合、家族は遠く故郷に残したまま、離れて暮らし、市街地で労働に従事していたのだ。そして、マンデラの場合、自由のために戦う公の人物としての生き方と、一人の人間として自由に生きることを両立させるのは不可能であった。

逃亡中の身である黒人解放活動家の家族は、当局の格好の標的になる。収監される前でさえ、マンデラは自分の妻や子どもたちにとって見知らぬ人間であることを強いられた。というのも政府にとって、活動家を攻撃するにはその家族に対する嫌がらせがもっとも効果的であるからだ。マンデラは自分の家族には近づかず、彼らが追い回され、苦しめられるのをなす術もなく遠くから見ているしかなかった。家族の苦しむ姿を見るにつけ、マンデラは本来なら心の支えとなるべき家族の絆に対する疑念を抱いた。家族という存在が彼を一層、弱い立場に追いやっていた。マンデラは、普通の父親の役割を果たすことができなかったのだ。

あるとき一番上の息子が、「どうしてお父さんは一度も家で泊まることがないの?」と尋ねたという。マンデラは「お前以外にも何百万人というこの国の子どもがお父さんのことを必要としているのだよ」と答えたが、自分の息子に対してこう告げなくてはならないことほど辛いことがあるだろうか。家族を犠牲にすることがマンデラにとって何よりも大きな心の痛みであった。

収監中のマンデラにとって愛とは目の前の現実ではなく、往来する手紙、記憶の中、そして想像のかなた、どこか遠くにあるものだった。ロベン島で数年ほどマンデラとともに収監されていたエディー・ダニエルズは、「刑務所には慰めになるものは全くなかった」と言った。受刑者は感傷的になるような輩ではないし、島には女性もいなかった。私は調査の段階でロベン島刑務所内で一時期、性的暴力事件がいくつか発生したという記事を読んだことがあった。そこで、マンデラにロベン島での性の意味を尋ねたことがあるが、彼は「刑務所では性的なものはなにもなかったよ」とぶっきらぼうに答えて話は終わってしまった。

どんなに現実が殺伐としていても、マンデラは愛、そして家族との生活を夢に描き、長きにわたる収監中、その夢を大切に温めていた。しかし、実際に釈放されて社会に出たとき、その夢が幻想であることを知った。それでもマンデラは愛を諦めはしなかった。そうして、いよいよその希望の火が消えそうになった頃、愛が彼に報いたのだ。しかし、それまでには長い月日が必要だった。

*

実は、田舎の心地良い環境から大都市へと、最初にマンデラを駆り立てたのは、不当な扱いに対する反抗心ではなく、ロマンチックな愛を求めてのことだった。ジョンギンタバ王が息子のジャスティスとマンデラもそろそろ結婚すべき時期が来たと考えて、彼らの結婚相手を決めたが、若い二人はそれに反発してヨハネスブルグへ逃げることを企んだのだ。それは相手の女性が魅力的でなかったからではなく、自分の結婚相手は自分で選ぶ権利があると、二人が強く思ったからだ。王自らがマンデラに与えた教育によって、思惑とは反対に、マンデラは伝統的な部族の結婚や家族のあり方を変えたいという考えを持つ人物になってしまったのだ。マンデラの父は四人の妻を持ち順番に妻たちのもとに通っていた。しかし、マンデラが本当に望んだのはメイドではなく、愛だった。

全寮制のヒールタウン・メソジスト校やフォートヘア校でジェーン・オースティンやシェイクスピアの詩を読み、マンデラは幼少時代から見てきた愛よりも、西洋的でロマンチックな愛を思い描くようになった。

マンデラがはじめてロマンチックな恋に落ちたのはヨハネスブルグでのことだった。アレキサンドラでの下宿時代、その家の娘ディディに一目ぼれしたのだ。

「とても美しい娘だったよ」とマンデラは思い出す。ディディは、都会で若い黒人女性が就くことができる数少ない職業の一つである家事使用人として働いていた。その彼女には、ダブルのスーツに身を包みボルサリーノ帽をかぶって、高級車を乗り回す金持ちのボーイフレンドがいた。マンデラは彼女に一目ぼれしたが、自信がなくて告白することができなかった。彼女にとってマンデラは全く眼中になかったのだ。当時のマンデラは、世話になっている家の小さな裏庭の掘っ立て小屋に住み、英語も下手で、持っていたのは一着のスーツとわずかなお金だけだった。

あるときマンデラは家の主から食事に招待され、チキンを出された。当時のマンデラは田舎から出てきたばかりで、ナイフやフォークを使うことに慣れていなかった。チキンを手でつかんで食べたり、うまく使えないフォークとナイフで悪戦苦闘する姿を見られたくないばかりに、チキンに手をつけないという選択をした。プライドが欲望に勝っていたのである。

それはディディに対しても同じだった。マンデラは、「プロポーズをしたいと思ってはいたが、断られる可能性がある相手に対しては気が進まなかった」と話してくれた。

その後、マンデラが法学部の苦学生だったときに、ウォルター・シスルが従姉妹を紹介した。

彼女はエヴリン・メイスというトランスカイ出身の物静かで控えめな若い女性だった。二人は結婚し、ソエトにあるマッチ箱のような小さな家に住みながら、すぐに四人の子どもに恵まれた（この中の一人は生後たった九カ月で命を落とすことになるのだが）。

マンデラは当時、仕事、勉強、そして政治活動に奔走する不在がちな夫であり、父親であった。そして活動にのめり込むようになるにつれて、エヴリンとの距離は離れていった。

彼の掲げる大義に対する黒人大衆の支持を次第に得ていく一方で、家庭では妻からの理解を得ることはできなかった。彼女は政治の話には耳をふさぎ、エホバの証人という、マンデラとは異なる世界に身を投じ、一日のほとんどを聖書を読んで過ごすようになった。まもなくして二人は離婚した。

一九五六年の国家反逆罪裁判が始まる頃には、マンデラは弁護士として成功を収め、時の人になっていた。ダブルのピンストライプのスーツを身にまとった華やかな解放活動家で、大きなアメリカ製の車を運転してレストラン通いを楽しむような、かつてまぶしく見上げていたような人物に自分自身がなっていた。当時の彼は色男で通っており、マンデラ自身もそれを否定しない。スマートなスーツをまとい、煙草を手に持っている彼の写真を見て、煙草を吸っていたのかと聞いた私に「まさか。気取ってみただけさ」とマンデラは恥ずかしそうな笑顔で答えた。

＊

ある朝、トランスカイにあるマンデラの自宅近くの丘を散歩しているときのことだった。個人的な質問などめったにしない彼が、私に向かって「リチャードは結婚しているのか」と聞いてきた。「いいえ」と答えたら「そうか」と言った。そこで私は、最近、メアリーという南アフリカ人の女性写真家に惹かれていることを打ち明けた。

しばらく私たち二人は無言で歩いていたが、「好きな相手と結婚に踏み切る前に、どのくらいの期間が必要だと思いますか」と聞いてみた。「一日あれば十分」と言ってマンデラは微笑んだ。私があまりにも驚いた表情を見せていたのだろう。マンデラは言葉を継いで説明し始めた。「女性を愛することは一瞬でもできるさ。ただ、その愛を実らせるには一年、いやもっと時間がかかることもある」。そして、女性の持つ様々な魅力について話し始めた。

「例えば、討論の場で見かけた女性の知性に感心することもあるだろうが、だからといって必ずしもその女性に心が惹かれるわけではないだろう？　時には見た目にはっとさせられるような女性との出会いもある。決まったルールなんてないんだよ。ただ愛は人生で最も大切なものだと信じているよ」

「結婚を決意するのに一日あれば十分だ」

マンデラにとって、二人目の妻との出会いはまさに、その言葉の通りだった。初めてマンデラがウィニーを見かけたのは一九五七年、車の中からだった。彼女は看護師として勤めている病院へ出勤するためにバスを待っているところだった。一目で「美しい人だ……」と思った彼の脳裏にはウィニーの姿が刻み込まれ、その姿を消し去ることができなかった。数日後、その彼女がある事件についてマンデラの法律事務所を訪ねてきたのだ。そのときマンデラは彼女との間に奇跡的な縁を感じたという。

当時のネルソン・マンデラとウィニー・マディキゼラは、現在私たちが知っている二人とは全く別人だった。田舎出身のウィニーは、控えめで純粋な二二歳の女性で、一方のマンデラは彼女より一六歳年上の、三人の子どもの父親で離婚経験者、そして成功した弁護士、解放運動家として賞賛を集めている存在であった。ウィニーはマンデラが自分に寄せる思いに恐れ、圧倒され、彼と一緒のときは、ほとんど口を開かなかったが、マンデラはウィニーをランチやドライブ、郊外への散歩などに連れ出した。あるとき、インド料理レストランに連れて行かれた彼女は、初めて口にするインド料理の辛さに何杯も水をおかわりする羽目になったという。

ウィニーに対するマンデラのアプローチは西洋的であったが、結婚のプロポーズだけは全くもって非西洋的であった。ある日、マンデラはウィニーに、淡々と、ウェディングドレスを作るためにしなければならないことを告げた。そう、彼はすでにドレスメーカーにウェディングドレスについて相談していたのだ。マンデラ自身もウィニーに正式なプロポーズはしていないと認めているし、彼女も「イエス」と言うチャンスさえもらえなかったと、冗談めかして語っていた。

ウィニーとの結婚式は一九五八年、六日間続いて行なわれた国家反逆罪裁判の合間を縫ってとり行われた。結婚式で、ウィニーの父親が「娘は受刑者と結婚するんだ」とスピーチをしたとおり、マンデラは当時すでに解放闘争にどっぷり漬かっていた。花嫁の父親は笑いを誘おうとしたのだが、それは微妙な話題だった。

中流階級であるウィニーの家族にとって、娘の婿としてのマンデラは危険で理想からかけ離れた相手だった。そして皆が予想したとおり、二人の結婚生活は平凡どころではなく、挙式直後からほどなくしてマンデラは地下活動に入った。それ以降、新婚の二人は、計画的にかつ最大の注意を払い、安全を確保したうえで、密会のように会い続けていた。

ウィニーの両親が恐れたとおり、この結婚によって彼女の人生は全く別の世界に導かれていく。マンデラは後に、交際中も単にロマンチックな恋愛をしていたのではなく、政治的にも彼女を感化していたと語っているが、その意味において、彼の目的は遂行された。マンデラの収監前から、ウィニー自身も活動家として運動を開始し、夫が収監された後は炎のような「南アフリカの母」として、解放闘争のシンボルとなった。

収監によって、ウィニーから、そして世界から引き離されたマンデラは、彼女に対する愛情と依存がいよいよ高まり、ウィニーを理想化するようになった。

いつか二人で一緒に、ようやく普通の夫婦として生活できる日が訪れる、という思いこそがマンデラを突き動かす力の源であった。マンデラは独房の片隅にウィニーの写真を飾って、「美しい君の写真が、こうして君に手紙を書いているのを少し離れた場所から見守ってくれているよ。毎朝、君の写真のほこりを払うたびに、昔、君を優しく抱きしめたときの喜びが胸によみがえる。君と感じたあの体を突き抜けるような感覚を思い出すために、時々写真の君の鼻に自分の鼻を近づけてみるのだよ」と彼女への手紙に書いている。

マンデラはウィニーが面会に来てくれるのを何カ月も待ち望んでいたが、彼女が来られなくなったり、刑務所側が面会を取り消したりするたびに胸がつぶれる思いだった。刑務所からの手紙は開封されることもあり、検閲の対象になっていたが、マンデラはウィニーと一緒にいるときよりも、手紙の中での方が、ずっと感情豊かに自分の率直な気持ちを綴っていた。

一九七〇年八月、ウィニー自身も収監され、自分たちの娘はどうなるのかと心を痛めていた時期、マンデラはウィニーに対して辛い気持ちを手紙に吐露していた。

ここ一五カ月間に起こった胸の張り裂けるような苦難は、私の心に消えない傷を残した。君を助けることが全くできないなんて、まるで自分が体も心もどっぷりと苦しみの沼の中に沈んでしまっているようだ。君を苦しめているものを考えると……。君に会うことさえできたら、そばにいてしっかりと抱きしめてあげることができたら、この鉄格子越しでもいい、君の姿を一目でも見ることができたら……。愛情に満ちた絆を踏みにじられることに比べれば、肉体的な苦痛など取るに足らない。

マンデラを怒らせる有効な手段はウィニーを侮辱することだ。看守たちも心得たもので、時々、ウィニー収監の記事や他の男性との関係を取り沙汰した記事をマンデラの独房に貼り付けたりした。体制側の人間にとって、ウィニーと子どもたちはマンデラのアキレス腱であった。ウィニーについて侮辱の言葉を吐いた看守に対して手を上げそうになったことがあると、マンデラが語ってくれた。

「ある日、刑務所長がウィニーのことを軽蔑するようなことを言ったんだ。それですっかり我を失い、そいつをぶん殴りそうになった。でも殴る代わりにそいつに暴言を吐いてむかむかした気持ちを発散させたのさ。勿論その後、罰を受けたよ。かなり酷い言葉を投げつけたんだと思う」

このような数々の試練や挫折の後ですら、マンデラは、愛に対して斜に構えたり、無関心になることはなかった。逆に、成熟してくるにつれ、より一層、愛というものを渇望するようになりさらにロマンチストになっていった。

しかし、ウィニーとの結婚にハッピーエンドが待ち受けていたわけではなかった。ようやくマンデラが出所したときはもう、以前二人が一緒にいた頃の関係を取り戻すことはできなくなっていた。世間向けのウィニーのイメージは強くて忠実な妻だったが、実は二人は強い緊張関係にあった。「ウィニーだって人間だ。だれも二七年間も貞節を期待したりはしないさ」とマンデラの側近が私に言った。

出所したマンデラに、ウィニーの噂を直接聞かせようとする者はいなかったが、次第に知人友人などから真実を知るようになり、マンデラは深く傷つくことになるのだ。

マンデラの親友が当時を振り返って、「ウィニーはマンデラの心を踏みにじったんだ。でも彼はウィニーを愛していたし、彼女もまさかマンデラが別れを切り出すなんて思ってもいなかったようだ。結果としては、彼は彼女と別れざるを得なかった。それは組織のために仕方なかったんだ」と話してくれた。ウィニーは黒人解放運動を、そして二人の結婚をも脅かす存在になってしまっていた。マンデラは解放運動か、結婚生活か、どちらか一方への影響なら我慢できたかもしれないが、その両方を損ねる存在である彼女を受け入れることはできなかったのだ。

私がマンデラにインタビューを始めた頃、すでに二人は別居中で、ウィニーの話題は最も聞きにくいものの一つだった。マンデラは彼女について語るとき、過去の話は問題なかったが、現在のこととなるととても話しづらそうにした。一月のある日、収監中の話では、マンデラはウィニーについて、「彼女の方が私より本当にひどい目に遭ったんだよ」と、はっきりと言った。「ウィニーは体制側の役人たちに嫌がらせを受け、収監されていた最中も、子どもたちの面倒を見なければならなかったんだ。刑務所の外にいるときのストレスの方が、中にいるときよりよっぽど大きいかもしれない。しかも、ウィニーは一年以上も独房に入れられていたことがあったんだ。私が独房にいたのは、ほんの短期間だったのに」

ある日曜日、ヨハネスブルグ郊外のホートンにある家のリビングでインタビューをしたときのことだ。マンデラは靴を脱ぎ、両足を足置きに伸ばしてソファーにゆったりと腰掛けていた。さあ始めようかというとき、家政婦のミリアムが朝刊を持って部屋に入ってきた。新聞を見た瞬間、マンデラの目がきらりと光り、すかさず、「悪いけど、ざっと目を通してからでいいかい」と言うと、新聞に目を落とした。長い刑務所時代には新聞を読む自由はなかったので、自由の身になった今でもマンデラにとって新聞は非常に貴重なものなのだ。

新聞を読み始めて数分後、彼はクックと笑い出した。その新聞には「ウィニーを大統領に!」と言う見出しの記事が掲載されていて、反アパルトヘイト活動家、ヘレン・ジョセフの葬儀での彼女のスピーチについて書かれていた。それはANCに対する批判であり、暗にマンデラの対応が南アフリカ政府に対して生やさしすぎると批判するものであった。

ウィニーのコメントに驚いたかと私が聞くと「私は一九五八年からずっと同志ウィニーと一緒にいたから、彼女がどんなに批判的になろうとも驚かされることなんてないさ。彼女だってこの体制のもとで様々な困難を経験しているのだから。ただし、いくら舌鋒鋭かろうと、この重要な時期に我々の組織を分断するようなコメントを出すことだけは予想していなかったよ」と彼女に対する思いの混ざった表情でマンデラは答えた。

こうしたマンデラのコメントを聞くと、ウィニーに対する失望とともに複雑な思いが透けて見える。昔を懐かしむ一方、目の前の現実をあるがままにとらえるのがマンデラだ。長年、マンデラとウィニーは武装解除せずに停戦をしているような関係だったが、近年ようやく温かな友人関係に戻りつつある。

*

マンデラは次第に私の友人、メアリーとも知り合いになっていった。後でわかったことだが、メアリーはフランス通信社で働いておりマンデラの出所を取材した際、二人はすでに出会っていた。マンデラは、自分の出所を撮影する上品な赤毛のカメラマンを覚えていたのだ。

マンデラに同行した旅から戻る私を迎えに来てくれるメアリーに対して、はじめは「私からリチャードを取らないでくれよ」と彼女をからかっていたマンデラだが、数カ月後には「メアリーと結婚すべきだ」と、私に言うようになっていた。メアリーが後で私に語ったところによると、マンデラは「リチャードと結婚しなさい。祝福するよ」と彼女の手を取って言ったそうだ。

もちろん、マンデラは特に意識したのではないだろうが、ある意味、彼は私とメアリーの縁結び役となったのである。彼のお陰で二人は出会ったわけだし、マンデラが背中を押してくれたことで、私たち自身も、二人の関係が特別なものだと思えるようになったのだから。

それは、私がメアリーに対して抱いていた言葉にできない気持ちを、マンデラが言葉にしてくれたようなもので、実は彼女も同じように感じていたのだ。当事者の二人と違って、マンデラは控えめでも、ためらいがちでもなく、とてもストレートだった。彼自身が人生において失ってしまった多くの時間や幸せへの思いが、彼をそうさせたのかもしれない。そして私たちには同じような思いをして欲しくないという願いがあったのだろう。

マンデラは女性の同伴を喜ぶ人間だ。女性が同席しているときは、男性ばかりといるときよりもくつろぎ、無防備で、嬉々として屈託のない様子を見せた。メアリーが一緒のときのマンデラもそうだった。メアリーがいるといつもより率直で自分の弱い部分を見せることを厭わず、祖父が孫娘に対するように、彼女の気を引くようなそぶりを見せたりした。

一九九三年から一九九四年にかけて、マンデラはチカコという日本人の鍼師を伴って移動することが多かった。チカコとマンデラの付き合いは、マンデラが日本滞在中に足を痛め、側近のバーバラ・マセケラがその腫れた足を見て鍼治療を勧めたのが始まりだった。「ああいった治療は好きじゃないんだよ。でもバーバラがうるさくて。科学的にも証明されている痛みを和らげる伝統的な治療法だから、と口説かれてね。ただ鍼師が女性、しかも若い女性だと言われて、女性鍼師が私のホテルの部屋へ治療しにくるというのは好ましくないと思った。それまで私が診てもらったことのある医者といえば年老いた爺さんだ。結局、バーバラが治療の間付き添うという条件で、診てもらおうということになったんだ」

しかし恥ずかしげに微笑む妖精のような小柄なチカコに会ったとき、マンデラの不安はすっかり消えていた。チカコは伝統的な鍼師としての教育を受けており、その後、数カ月間、南アフリカに滞在し、マンデラの治療にあたった。彼女はマンデラを「Ｔａｔａ（コーサ語でお父さん）」と呼び、マンデラに付いてトランスカイや海外にも同行した。

マンデラはチカコをからかうのが好きだった。ある日、私たち三人でトランスカイを散歩をしていたとき、「膝は痛くないですか?」と聞いたチカコに、マンデラは微笑んで「チカコが一緒のときは全然痛みもないよ。チカコがいてくれないと痛みがやって来るんだ」と答えた。それを聞いて彼女はそっと首をかしげてやさしく微笑んだ。

マンデラは他人の寂しさに対して第六感が働くようで、チカコが自分と一緒でないときはほとんど一人ぼっちで、ホームシックになっているようだと心配していた。ダーバンのホテルに滞在していた一九九三年の大晦日の晩、私たち三人は、どこにでもあるようなディスコに来ていた。そこはチカコや私にとっては聞き古した、しかしマンデラにとっては多分初めて聞くような七〇年代、八〇年代のポップミュージックをバンドが演奏するありふれたディスコだった。チカコが音楽に乗って体を揺らしているのを見たマンデラは、父親が息子に対して「ほら、妹と踊っておいで」と目配せをするように、私に合図を送ってきた。チカコを誘って踊った後、席に戻った私に、マンデラは一言「ありがとう」と言った。

またある朝、マンデラと私が二人で朝食をとっていたところを通りがかったチカコを呼び止めて、「チカコ、おいで。ここに座りなさい」と言って自分の隣のイスを指した。そして「チカコだけが私のことを愛してくれている」と言った。私が「何百万人もの人があなたのことを愛していますよ」と言ったら、「そうだな、でも彼らは私のことを遠く離れたところで愛してくれている。チカコは私のすぐそばで愛してくれているんだ」とマンデラは答え、チカコと二人で笑った。マンデラの言ったことは確かに的を射ていた。

多くの人に愛されていることを、マンデラは頭ではわかっていたが、本当に心を通わせるような愛を感じられる人間は非常に限られていた。本来、彼にとって最も近い存在であるべきウィニーや子どもたちとは疎遠になっていたし、また、名声と力を得るにつれて、大切な人との距離は離れ、まるで再び刑務所内に戻ってしまったかのような孤独な気持に苛まれることがあったのだ。

ちょうどその頃、今までの失われた時間を埋め合わすかのように、マンデラが心を寄せている女性がいた。その女性の名前はグラサ・マシェル。一九八六年の飛行機事故で亡くなったモザンビークの革命的指導者、サモラ・マシェルの未亡人だった。当時四八歳だった彼女はモザンビーク政界の大物として尊敬されている人物であった。貧しく権利を持たない人々の側に立つ、心温かくぶれない軸を持った活動家であった。

マンデラが初めて彼女に会ったのは、出所して数カ月後、モザンビークを訪問したときのことだった。それ以来、二人は連絡を取り続け、一九九二年にマンデラとウィニーが正式に別居してからは交際を始めていた。お互いを思う気持ちは募っていったが、グラサは結婚には及び腰だった。しかしマンデラが旅をするときには同行し、マンデラもモザンビークに彼女を訪ねた。一九九三、四年当時、二人の関係はまだ公的なものではなかったが、マンデラは私には、彼女に対する気持ちを打ち明けてくれていた。

マンデラがグラサに電話で、「寒いからセーターを持っていったほうがいい」とか「雨が降っているから傘を持っていくように」など、こまごまと彼女のことを心配している様子を目にしたものだ。

一九九六年にウィニーとの離婚が成立した。二年後の一九九八年、マンデラはテレビで「私は素晴らしい女性に恋をしている」とグラサとの交際を公にして、「私は過去の失敗や挫折を後悔してはいない。こうして高齢になった今、彼女の愛と支えのお陰で花が開くように人生最高のときを送っているのだから」と語った。

一九九八年、マンデラの八〇歳の誕生日に二人は結婚した。グラサはマンデラについて「彼は非常に深い愛情を持ちながらも、それを公の場ではコントロールしようとする人です。でもプライベートにおいては、あるがままの自分をさらけ出す、そんな人です。彼は、自分が幸せであることを、皆に知ってもらいたいと思っているのです」と話している。

マンデラは、彼の人生において、愛と義務とをはかりにかけた場合、常に愛を後回しにし、義務を果たさなければならなかった。革命を起こさんとする者の人生には、愛が入る余地などほぼない。しかし、たとえどんなに待たされようとも、手が届きそうになく思えても、マンデラは決して愛を諦めようとはしなかった。それどころか、収監されていることによって、かえって、彼の愛の力は一層強くなったのだ。

「誰かを愛すると、その人の欠点など見えなくなる。他の誰が何と言おうとも、その人を愛する。愛はすべてを包むものなのだ」。この言葉が、マンデラの愛を表している言葉だ。八〇歳という高齢になって、グラサ・マシェルとの愛と幸せを掴んだマンデラ。ゆうに半世紀以上にも続く愛を探す旅は、ついに幸せな終わりを迎えたのだ。

第13章

「負けて勝つ」勇気を持て

マンデラが、偉大なリーダーである最大の理由の一つが、リーダーであることを放棄したことだ。南アフリカでの初の民主的な選挙によって大統領に選出された際、マンデラは、自身が望めば終身大統領の地位を得ることもできただろうし、間違いなく次の五年間、二期目も大統領として選ばれたであろう。しかし、彼は自分のすべきことが何たるかを知っていた。

シリル・ラマフォサが言うように、自分自身の役割は「進むべき道筋を示すことで、実際に船を操縦することではない」ということを、マンデラはわかっていたのだ。一九九五年四月、大統領着任一年目に、「私は一九九九年には八〇歳になる。八十代の老人が政治に口を挿むべきではない」と公言し、大統領二期目も立候補するのかと問われて、「それはありえない」と答えた。そして、事実、彼は大統領選に立候補しなかったのだ。このマンデラの言動はまさしくリーダーのあるべき姿を体現している。

アフリカではマンデラ以前にも政治犯の元受刑囚が大統領になった例があり、これは二〇世紀のアフリカの潮流のようなものだった。例えばケニヤのケニヤッタ大統領、ガーナのンクルマ大統領、そしてジンバブエのムガベ大統領などが挙げられる。しかし自らの意思で大統領職から身を引いた人物はアフリカには存在しなかった。みな憲法に従って職を解かれるか、国民の意思によって解任に追いやられたかであり、ほとんどの場合、大統領の地位に執着したまま、もしくは、銃口を向けられて強制的にその座から引きずりおろされたかであった。マンデラと同世代のジンバブエのロバート・ムガベ大統領にいたっては、自国を崩壊させた後もその座にしがみついている。

マンデラが証明したかったのは、アフリカ人は自らを統治できるということだけではなく、憲法にのっとった民主主義を確立できる人々であるということだ。ある意味マンデラは、アメリカ合衆国大統領の座を二期で自ら退き、一般市民となったジョージ・ワシントン大統領のアフリカ版である。

ワシントンは終身大統領制の可能性を完全に消し去り、それが現在の合衆国の大統領制へとつながっている。マンデラも同様に、自分の足跡は砂に残した第一歩であり、その後から来る者が道を作っていくことを、そしていかなる政策よりも自分の行動そのものがより息長く影響力を持つことを理解していた。

マンデラは大統領の座を去るとき、ローマ独裁官の地位を返上した後、農場で隠遁生活を送ったキンキナトゥスのように、自分も一切政治から身を引くべきだと考えていた。しかし、マンデラの場合、正確には隠遁生活を望んでいたのではない。大事なことは、自ら大統領の座を退くとき、大統領の地位への執着はないのだということを国民に理解してもらうことであった。役者は、舞台を降りたら舞台袖をうろうろしてはいけないのだ。

＊

全方位的に正面切って争うことは無駄であることを、マンデラは知っている。つまり時には力を残しておかなければならないのである。

ロベン島では常に受刑者たちがありとあらゆることに関して議論をしていたが、たいてい話題は決まっていた。例えば、共産党とＡＮＣは同じなのかとか、将来の南アフリカ民主政権にアフリカーナーが支配している国民党を入れるべきかといったものだった。

中でも滑稽かつ最も熱を帯びたのは「トラはアフリカ原産かどうか」という話題だった。もちろんアフリカにトラはいない。しかし長年、多くの受刑者がトラはアフリカ原産だと信じており、毎回議論が白熱した。特に声高にトラがアフリカ原産だと言い張る受刑者がいて、ある日、マンデラの「アフリカにトラはいないってことは純然たる事実だ」という言葉に対して激怒したことがあった。これに対してマンデラは相手を言い負かすのではなく、「まあいいだろう」と彼をいなし、そのまま議論から身を引いた。

数年後、動物学を研究し世界各国を旅してまわったことがあるという受刑者が収監された。彼が、もちろんトラはアフリカにはいないという事実を述べると、このたった一言であの頑固な受刑者を含む全員が満足した。マンデラがこれを見て勝ち誇ったような様子を見せることはもちろんなかった。

＊

マンデラは頑固だ。ロベン島で親しかった仲間から妻であるグラサ・マシェルに至るまで、誰もこれを否定する者はいない。一度これと決めたら、誰も彼の意思を変えることはできなかった。

もちろん、その意思決定が、目的にそぐわない結果を引き起こすとわかったときには、翻意することを厭わない。自分の決断について、議論を戦わせ、相手を説得しようとはするが、いったん自分が決めたことが実現不可能であったり、賢明な選択でないとわかると、すぐさま考え方を変えるのである。

選挙が近づいていたある日、選挙権を一八歳未満に与えている国はあるかとマンデラに聞かれた。南アフリカの人口の半数は一八歳未満で、彼ら若い黒人の多くはマンデラが率いるＡＮＣの支持層であったから、もし一八歳未満に投票権があれば彼らはＡＮＣに投票するだろうという思いがあったのだ。これを受けて私は調査をしてみたのだが、結果はあまり好ましいものではなかった。というのも一八歳未満に選挙権を与えている国はキューバ、ニカラグア、北朝鮮、インドネシア、そしてイランといったいわゆる理想の民主国家とは言えない国々ばかりだったからだ。

しかし、私が調査をしたことに対してマンデラは非常に喜んで「よくやった、よくやった」と最高の褒め言葉をくれた。その二週間後、マンデラは南アフリカのテレビに出演し、一四歳以上の国民に選挙権を与えることを提案したが、メディアのみならずＡＮＣからも即刻、反対の声が上がった。多くの人が、その提案は正気の沙汰とは思えないと言い、マンデラに対して厳しい批判の声が上がった。

それから数週間後、私が「今回のご提案は幅広い層から支持を得ることができませんでしたね」と言うと、彼は顔をしかめて「いやそんなことはないさ」と答えた。最終的には、この提案に対しての反対意見の方が強かったのだ。ANC執行部メンバーだったラマフォサは当時をこう振り返る。

「マンデラは周りを説得しようと努力したが、誰一人彼を支持しなかった。結局、賛成意見が多数派を占めることはないという現実に直面し、彼は謙虚に反対意見を受け入れたよ。だからと言って、マンデラが不機嫌になることはなかった」

マンデラは、自分の考えを変えるとき、以前は異なる立場にいた素振りなど微塵も見せない。自分が新たに受け入れた考え方に歩み寄り、改宗者のような熱意でもって受容する。そして、かつていかに自分が熱心に反対意見を唱えていたかを笑い飛ばしたりもする。

その後、一四歳選挙権の話題が出るたびにマンデラは私にちらっと目配せをしたものだった。マンデラは、「負けて勝つ」という言葉通り、譲ることによって勝ち馬に乗ることができるということを熟知していた。譲ることが、結局は勝つことにつながるのだと。

第14章

すべての角度からものを見よ

マンデラは矛盾を受け入れることができる人間だ。マンデラといると、私はウォルト・ホイットマンの「わたし自身の歌」の一節を思い出す。

わたしは矛盾しているのだろうか?
それでもいい、わたしは矛盾しているんだ。
(わたしは大きい。そして、たくさんのものでできている)

マンデラは懐の深い人間で、様々なものを内包している。あまりに多くのものを内包しているがため自己矛盾がしばしばおこる。しかし、一貫性も、もしそれを貫くことだけが目的になってしまったら偽善となるだろう。人間は複雑な生き物でその行動の裏には無数の動機と理由があるものだ。そのため、矛盾が悪とは必ずしも言えないのだとマンデラは考えている。

インタビューを開始してそろそろ一カ月が経ち、お互いの存在にようやく慣れ始めた頃、マンデラに「武力闘争という方法をとったのは、もはや非暴力ではアパルトヘイトを打ち崩すことができないと思ったからですか。それとも、ＡＮＣが空中分解するのを避けるためだったのですか？」と尋ねたことがある。

インタビュー開始当初、マンデラはかしこまって、私の投げかける厄介な問いに対して、まるで記者会見をしているかのように四角四面の想定回答を繰り返したが、お互いの存在に慣れてくるにしたがって、私の質問をきっかけに様々なエピソードを聞かせてくれたり、より大きな視野で話をしてくれたりした。

しかし、この質問をした頃の我々の関係にはまだ微妙な距離感があった。たいていマンデラは私の質問に対してちょっと考え、その後、遠くを見つめるような眼をして、自分の考えを述べるのだが、この質問に対しては当惑と不快を織り交ぜたような表情で、私を見つめた。

そして「リチャード、そのどちらも正しい、と言ったらどうかな？」と答えた。

「どちらも正しい？」

私が投げかける質問は二者択一のものが多い。たとえば「これはこうあるべきか、否か？」とか「理由はAかBか？」といった具合だ。インタビュー開始当初、こういった二者択一の問いかけがマンデラを苛立たせていた。というのも、彼にとって答えは大体、「どちらも正し」かったし、「イエス」または「ノー」という二者択一でいつでもすべてが片づくわけではないからだ。物事の裏に隠された理由は常に明確であるとは限らないし、すべての問題には複数の大義があり、見方によっては、あらゆる説明が真実であるかもしれない。マンデラはこのように複眼的に世界を見ている。

あるときマンデラは、あるコーサの寓話を話してくれた。コーサ族の若者が自分の村を出て妻を探す旅に出た。何年も世界中を旅して、「この人こそ！」と思える女性を探し求めたが、結局、そのような女性に巡り会えることはなかった。ついにその若者は、独りで自分の村へ戻ることにした。ところが村への道すがら、ある女性を見て「ああ、ようやく妻となるべき女性と出会えた」と言った。実はその女性は若者と同じ村の、しかも隣の家に以前から住んでいたという話である。

そこで私は「つまりその話は、遠く旅をしなくても探しているものは目の前にあるということが言いたいのでしょうか？　それとも、時として幅広い知識と経験がなければ身近にあってよく知っているものの価値もわからないということが言いたいのでしょうか？」とマンデラに尋ねた。

マンデラは一瞬考えて、うなずいてから「どちらの解釈も正しいのではないかな」と言った。

＊

人々はマンデラのことを、白黒をはっきりつける、そして、あいまいさを受容しない人間だろうと思っている。マンデラは自らの人生のほぼすべてを一つの明確な理想のために犠牲にしてきた人間だ。出所した当時、もはやアパルトヘイトの擁護者はほとんどおらず、国際的な世論も彼に味方をしていただけでなく、司法も彼の味方だった。しかし、七一歳にして刑務所の外に出たマンデラは、人々が想像していたよりもずっとバランスのとれた穏やかな人間であった。

マンデラは、白人が感じている不安と、黒人がため込んでいる鬱憤の双方を理解し、部族主義と近代化の両方の価値を認めていた。また、企業を国有化することの利点と自由市場の利点も理解していたし、アフリカーナーがラグビーを愛してやまないことも知っていた。その一方で、自由解放活動家たちがそれを嫌悪していることも理解していた。マンデラはたいていの事柄に対して異なる二つの視点を持ち、どちらかに肩入れするのではなく、双方をつなぎ調整する立場をとることを基本姿勢としている。これは、マンデラが人を説得し味方につける必要に常に迫られていたからである。

特定のイデオロギーのフィルターを通して世界を外部から見るのではなく、人々の内面に隠された蜘蛛の巣のように複雑に絡まる動機を理解しようとする。マンデラはそのような視点を持っていたのだ。

マンデラが、性急な判断を下さない人間であることは、同志に接するときの様子からもわかる。彼は、人間というものは常に、善と悪、尊さと卑劣さといった相反する感情を持ちあわせており、もちろん、彼自身も同じような人間だということをわかっていた。物事には、完全なる善とか、完全なる悪というものはないのだと。マンデラは、様々な物事を判断するとき、常にこのような考え方をとった。

あるとき、マンデラはロベン島で起こった食事に関する争いについて話をしてくれた。アフリカ人（黒人）に比べて、インド人と黄色人種は肉の量もわずかではあるが多く、多少ましな食事を与えられていたことに対して、アフリカ人たちは自分たちも当然同じ食事であるべきだと抗議した。一方のインド人と黄色人種の受刑者たちは、その抗議のせいで、逆に自分たちの食事の質が下がり、いわゆる「悪平等」になるのではないかと危惧していた。

そこで、マンデラは彼らとも対話をし、最終的に全受刑者に対する食事の質をよくするよう看守を説得したのだった。マンデラはすべての当事者の視点を理解し、それぞれと話をし、調整した。

もちろん、常にすべての人々を満足させることができるわけではない。時として、双方の立場を理解しつつも、どちらか一方を選ばなければならない辛い状況もある。アフリカでは以前からエイズやＨＩＶをタブー視して口を閉ざす傾向にあるが、自国で苦しんでいる何百万人もの人々に対して抗レトロウイルス薬を使わないのは間違っているとマンデラは思っていた。またマンデラは、自分の後継者にシリル・ラマフォサを望んでいたが、近しい同志はタボ・ムベキを望んでいたことも理解していた。

人生において最も辛い決断であったであろうウィニーとの離婚では、彼女の素晴らしさを忘れられずにいたが、一方で離婚せざるを得ないこともわかっていた。そして、このケースでは、マンデラが両方の事実を冷静に見られることが、かえって彼を苦しめる結果となった。なぜなら、彼女を精一杯愛していたという素晴らしい思い出と、彼女が自分を裏切ったという事実、その両方と直面しなければならなかったからだ。

新生南アフリカ初の政権樹立に向けた交渉において、様々な点で合意に達するために、マンデラは多くの妥協をした。同志の強硬な反対をおして、マンデラは国民党が行政府の仕事をする権利を認め、デクラークが副大統領を務める連立政権を樹立した。マンデラは国民党の立場を理解したうえで、最終的なゴールに達することこそが重要だとわかっていたのだ。

マンデラにとって譲れない原則は一人一票の普遍的な民主主義であり、その原則が果たされるのであれば、それ以外のことは白黒を明確につけなくても構わなかったということだ。


「白か黒かをはっきりさせない」というのは簡単なことではない。

「白か黒かをはっきりさせる」ことは、シンプルで絶対的な印象を与え、自分は意思が強い人間だと感じられるため、本当は物事があいまいなときですら「イエス」か「ノー」か、どちらかに決めてしまいたくなる。そのため、ある人は強固な印象を与えたいと考え「イエス」か「ノー」かを表明するという行動にでる。

しかし、マンデラが教えてくれているように、善と悪双方の視点で、いや、それ以上の複数の視点で物事を見る習慣をつければ、私たちが以前には考えもつかなかったような斬新な解決法が見つかるかもしれない。

このような思考法を習慣化するためには、大変な努力が必要だ。自分の意見にとらわれないようにする必要があり、反対意見を持つ相手の身になって物事を見ようとする意識が問われる。強い意志、そして、共感力と想像力が求められるのだ。

しかし、マンデラの経験からもわかるように、この努力に対する報いは、まさに、「叡智」といえるほど大きなものである。

第15章

自分だけの畑を耕せ

美しい孤島にあっても、マンデラには自分だけの場所が必要だった。マンデラは、他のすべてを忘れ、自分自身と対話できる場所を探していた。ロベン島に収監された当初、看守は手荒で、受刑者に対して悪態をつき、日々の労働は辛く、希望の見えない日々が続いていた。しかも受刑者に許されていたのは、半年に一度の面会と手紙一通だけだった。

加えてマンデラにとっては、塀の外の状況も刑務所内と同様に苛酷だった。自動車事故での長男の死亡、度重なるウィニーへの脅迫。ＡＮＣは国外追放され、アパルトヘイトを擁護する政府の力は一層強くなっていった。このような環境に取り巻かれていた一九七〇年代初頭、マンデラは刑務所で畑を耕そうと決心した。

「畑を耕す」――この一見簡単に見えることを実現するためには、まず、この素朴な要望に疑いの目を向ける刑務所の責任者から許可を得なければならない。こんななんの変哲もない要望でさえ、刑務所では許可を得るのに何カ月もかかるのだ。マンデラは新鮮な野菜を作って自分たちの食事を補いたいと説明し、責任者を説得するための準備をした。刑務所を管理している役人の間で何通もの手紙がやり取りされ、メモが飛び交い、弁護士にも相談がなされた。ようやく許可がおりて耕すことを許された場所は、独房に沿った長さ約一〇メートル、幅九〇センチほどの、カラカラに渇いて石がゴロゴロしている、荒れ果てた小さな土地だった。そしてマンデラの野菜作りの様子を監視するために看守が配置された。

当初、マンデラは手で土を掘っていたが、次第にスコップや熊手といった道具を手に入れ、また、友人や家族から種を入手していった。他の受刑者たちがチェッカーをしたり、読書やおしゃべりをしたりしている間、マンデラはせっせと自分の畑の手入れをした。そんな老人と畑の様子を、他の受刑者たちはほほえましく見守っていた。

「土はあまりよくなかったんだが、何とか収穫はできたよ」と、マンデラは自慢の畑の話をする。トマトに玉ねぎ、唐辛子にほうれん草などが収穫できたという。マンデラは許可を得て、収穫した野菜を刑務所の厨房に提供し、コーンミールやたまに出される肉などの通常の食事に加えてもらった。刑務所の責任者たちは数年間、マンデラが何か企んでいるのではないかと疑いの目を向けていたが、マンデラはそうした彼らの反応を面白がって見ていた。

ロベン島にはいたるところにお墓があるのを知っているかい？　畑の土を耕すと、たくさんの骨が出てくるんだよ。その骨を小さく割って日に当てて乾燥させてから砕いて野菜づくりのための肥料にしていたんだ。ところがある日、一人の神経質な准将がやってきて、干してある骨を見つけたんだよ。

そして私の仲間に「この骨は何だ？　マンデラはこの骨で何をしている？」と、とても不安げに聞いたらしい。仲間が肩をすくめて「さあ？」と言ったら、その准将は直接私のところに来て「マンデラ、この骨をどうするんだ？」って聞くんだ。「骨を砕いて肥料として使うんですよ。骨は、畑の肥料としてよく使われているんです」と説明したんだが、ますます疑い深い目で見るんだ。

結局、「今後は、必要な肥料を町で買ってきて支給する。だからこれからは、骨を掘るのはやめるように」と言われたよ。後でわかったことだが、その准将は疑っていたらしいんだ。私が古い骨を掘りおこして、骨をロベン島の受刑者のものだと偽って、刑務所や政府を批判する材料に使おうと企んでいるのではないかと。

マンデラは、ウィニーや他の人に宛てた手紙に、自分の畑について書くようになった。季節のこと、土壌のこと、そして収穫のこと、また育てている野菜がどんな様子かを、まるで自分の子どもの成長を記すかのように書いて送った。畑のことを書くふりをして何か特別なメッセージを伝えようとしているのではないかと疑う者もいたが、マンデラはただ単に自分に喜びを与えてくれる畑について思いを綴っていただけであった。

一九七〇年代後半、ロベン島の環境も変わり、抑圧が緩んでくると、マンデラは畑で収穫した野菜を、看守や彼らの家族にも分け与えるようになった。そして刑務所の中庭の外に第二の畑を作る許可を得た頃には、看守たちは自ら種を提供しマンデラから収穫を分けてもらうようになった。

インタビューの合間に、私はロベン島を見るためにケープタウンを訪れた。島から戻った直後のインタビューで、島へ行ったと話す私に対してマンデラは開口一番、「私のあの畑を見たか?」と聞いてきた。「自分が収監されていた部屋を見たか?」でも「石灰でできた独房棟を見たか?」でもなくである。

しかし、残念ながらマンデラの畑を見ることはできなかった。案内をしてくれた看守はマンデラが収監されていた当時の看守ではなく、その畑の存在さえも知らなかったのだ。刑務所をくまなく見せてもらったが、あの畑はもうなかったという私の言葉に、マンデラは落胆を隠せない様子だった。

なんの楽しみもないロベン島での生活において、畑仕事はマンデラにとって誰にも邪魔されない「自分だけの島」となった。畑仕事は、心を和ませ、家族や解放運動のことなど外の世界の様々な心配事から彼を解放してくれる存在であった。周りのものが生気を失って枯れていく中で、彼の畑だけが生命力に溢れていた。元来、マンデラは素晴らしい集中力を持っているが、畑仕事をしているときの彼がいかに没頭していたかを、当時の受刑者たちは語っている。「マンデラはあの畑に惚れ込んでいたよ」。アーメド・カスラーダはこう話してくれた。

*

一九八二年に大陸にあるポールズムーア刑務所に移送されてからのマンデラは、畑仕事により一層熱心に取り組むようになった。そこでは、マンデラを含む五人の受刑者に三階の広い部屋があてがわれたが、彼ら以外には受刑者はおらず、外にあるテラスを好きなように使うことができた。

そのテラス一面に、マンデラは一七六リットルのドラム缶を半分にした三二個の鉢に土を入れて、目を見張るような畑を作った。そして、トマトに玉ねぎ、ナスにイチゴにほうれん草、ブロッコリーにビーツ、レタスにカリフラワーなどを育てた。マンデラは毎朝、運動後に二時間かけて畑仕事をし、午後にも畑の世話をする時間を作った。畑仕事は単なる趣味の域を超えていた。その時間は、建設的かつ創造的な物事に取り組みながら我を忘れて没頭する大事な時間となっていたのだ。

「あそこの土はとても良かった。刑務所の外から運んできた土で十分な肥料を与えていたから素晴らしい収穫を得ることができたのだ」と、マンデラは目を輝かせ、当時を思い出して語ってくれた。

マンデラは自腹を切って農業や園芸の本を買って学んだ。インタビューのときに自分が使った様々な肥料の説明を延々と三〇分も語ったことさえあった。たとえば「ハトのフンは強すぎるから気をつけないといけない。粉末状にして水を足して十分薄めて使わないと」といったように、肥料について語っているマンデラの様子は、まるで政治について語っているかのようで、堂々と自信に溢れていた。

そんなマンデラが唯一うまく育てられなかったものがある。悔しそうに「ピーナッツだけは一度も実がならなかった……。育てるための知識が足りなかったんだよ」と話してくれた。

とはいえ、畑はマンデラの自慢だった。毎週日曜日には欠かさず厨房のスタッフ全員に野菜を提供していたことや、ほうれん草がとても大きく育ったのを見た刑務所の准将が、看守にマンデラの畑からほうれん草を切ってくるように言いつけた話などを嬉しそうにしてくれた。

一九八五年、マンデラは前立腺手術のためケープタウンに移送された。術後、刑務所に戻ったときに与えられた部屋は仲間たちから離れた一階にあり、畑仕事の楽しみもついに終わりとなった。その後数カ月間、マンデラは、畑仕事のことを忘れられなかったと話した。

プライバシーもなく、個人の持ち物もほとんどない生活の中で、たとえ小さくてもあの畑は唯一、マンデラが独り占めできるものだった。

自らの価値観や夢を否定され、罰せられ、自分の思うとおりの成果が出せない環境下に置かれていたマンデラにとって、畑は、気持ちを慰め、自己再生の力を得られる唯一の場所だった。季節はめぐり、芽が出て、茎が伸び、葉が茂る。畑では、努力はすればするほど必ず報われたのだ。

畑を耕しながら、マンデラは子どもの頃から大切にしてきた記憶をしばしば思い起こしていたという。刑務所でつけていた日記には、父親が亡くなった後、ムケケズウェニにある王の宮殿に連れて行かれたときに見た畑についてこう書いている。

「二本のゴムの木の陰で……、表の畑には桃の木とトウモロコシが、裏の畑にはリンゴ、トウモロコシ、野菜が作られており、花の通路と格子で仕切られた庭園もあった」

宮殿の畑は、マンデラ少年に強烈な印象を残したのだ。

マンデラは会話の中で「人間も食物と同様、耕して育てることができる」と、畑仕事の比喩を使うことがあり、「私たちはそれぞれの畑を耕すことに精を出すべきだ」と私に言ったこともある。

ただしマンデラの意図するところは、ヴォルテール（フランスの作家）の『ガンディード』と違い、そのために世を忘れ隠遁生活を送ってよいということではない。マンデラにとって人生は他人への奉仕であり、畑は世界の混乱や喧噪から離れられる、あくまでもひとときの安らぎであった。安らぎをもたらす畑仕事に没頭する時間は、マンデラの再生の場でもあり、その場所があったからこそ、彼は成し遂げるべきことを成し遂げることができたのだ。

「ほどよく心を奪うくらいの楽しみに没頭することほどくつろげることはない」と、かつてサミュエル・ジョンソン（英国の作家）が言った。彼の場合、それは化学に没頭する時間だったが、マンデラにとってそれは畑仕事だった。どんなものでもいい。大切なことは、私たちにも外の世界から少し距離をおいて、自分に喜びと満足を与えてくれる場所が必要だということだ。

マンデラはこう言っていた。「自分だけの畑を耕しなさい」

マンデラからの贈り物

一九九四年、マンデラのアドバイスに従って、私はメアリーと結婚した。三年後のクリスマスイブのこと、メアリーに新たな命が宿っていることを電話で告げると、マンデラはとても喜んでくれた。

「生まれてくる子どもがもし男の子だったら、ホリシャシャ（Rolihlahla）と名づけようと思う」。マンデラが本気にせずに笑ってくれるだろうと考えながら私はそう言った。知っている人はごくわずかだが、ホリシャシャとは、マンデラの本名で、コーサ語で「木を揺さぶるもの」という意味だ。巻き舌で発音する最初の「r」とそれに続く摩擦音からなる発音は綴り以上に難しい。

マンデラをこの名前で呼ぶ人に会ったこともなければ、マンデラ自身が使うのを聞いたこともなかったので、私たちはほんの内輪の冗談のつもりだった。しかし、マンデラは笑うどころか無言だった。発音を間違えたか？　いや、白人のアメリカ人である私が自分の名前を冗談に使っていることを厚かましいと思ったのか？　しばらくしてから、マンデラは電話をメアリーに代わってくれと言った。

メアリーに電話を渡し、彼女が「こんにちは」と言うやいなや、「メアリー、君と生まれてくるホリシャシャに会うのが待ちきれないよ！」というマンデラの大きな声が受話器越しに聞こえてきた。

そして数カ月後、私たち二人にとって初めての子どもが生まれた。いかめしい感じの看護師が子どもの名前を書くためのクリップボードを持ってやってきたとき、メアリーと私はしばし見つめ合ってクリスマスのときのやり取りを思い出していた。いや、まさか本当にマンデラの名前を私たちの長男のファーストネームにもらうわけにはいかないだろう……。そう思い、ブロック体ではっきりと「Gabriel Rolihlahla Stengel」とミドルネームにホリシャシャを記したのである。

マンデラの名前をそれぞれのミドルネームにもらった息子たちはまだ小さいが、マンデラとは何回も会っている。下の息子であるアントンが自分のミドルネームの意味を教えてほしいとせがんだので、「アントンのミドルネームのマディバ（Madiba）というのは、マンデラおじさんの一族の名前だよ。マンデラおじさんの友達はおじさんのことをマディバと呼んでいるんだよ」と説明した。

「ネルソン・マンデラ」という人物が、どんなに象徴的でいかに偉大な人物なのかということを、幼い兄弟はまだよく理解していない。息子たちにとってマンデラは「どんなスポーツが好きなんだい？」とか「朝ご飯は何だった？」とか聞きながら手をつないだり抱きしめてくれたりする、にこにこした白髪のおじいさんでしかない。しかしいつか、マンデラが何者で何を成し遂げた人物なのか、そして私たち家族にとってどんなに大切な存在なのかがわかるだろう。自分たちはマンデラという歴史的な英雄と特別な金の糸でつながっているということや、彼が掲げてきた価値観を理解する日が来るだろう。私はマンデラとのつながりが二人の息子たちを立派な人間にしてくれることを願ってやまない。これはマンデラからの贈り物で、息子たちはいつか何かの形で恩返ししようとするだろう。

息子たちがマンデラから受け継ぐ大切なものを思うとき、かつてマンデラが自分の息子に言わなければならなかった胸が張り裂けるような言葉を思い出さずにはいられない。

「どうしてお父さんは家に泊まっていかないの？」

「この国には何百万人もの子どもたちが私のことを必要としているからだよ」

幼い子どもにとってこの言葉はあまりにも残酷だ。しかし、その裏にはマンデラの信念があった。自らの家族を犠牲にしてまでも求めたものは、いつか国中の父親や母親が、彼らの子どもたちに対して自分と同じことを言わなくてもよいときが来ることだった。自由という、生まれながら当然持つべき権利を求めて闘う必要のない、自由な国を子どもたちが受け継げるようにと。マンデラは、己の価値観に基づいて行動し勝ち得たものと、次世代の子どもたちとの間につながりを見出していたのだ。人間の自由を獲得するために戦うすべての人たちによって形づくられたリーダーシップの大きな輪の一部となり、過去と未来をつなぐ鎖の役割を果たしたいと願っていたのだ。

幼い頃からマンデラはリーダーのお手本に囲まれて育った。育ての親である王から、力で治めるのではなく、人々の声に耳を傾けて導くことの重要性を学んだ。王の足元に座り、コーサ族の長老らが自らの民を守るために戦った話などを聞きながら、自分が長い伝統と歴史を持つアフリカの英雄の末裔であることを自覚した。

英国人の学長からは学問と自尊心、そして規律の重要性を学んだ。フォートヘアではウィンストン・チャーチルの感動的な戦時のスピーチを聞き、指導者が国を鼓舞する様子を目の当たりにした。ヨハネスブルグでの最初のメンター、ウォルター・シスルからはゴールに到達するためには、戦略的かつ現実的でなくてはならないことを学んだ。弁護士事務所のパートナーであり友人でもあるオリバー・タンボからは、何事にもすぐには反応せず、自分の感情をいかにコントロールし、忍耐強くあるべきかを学んだ。

収監される前に国外へ旅をしたときには、タンザニアのジュリウス・ニエレレ大統領が、質素な家に住み、小さな車に乗り、自分は国民のために存在しているのだと態度で示しているのを見て感銘を受けた。アディスアベバ（エチオピアの首都）では、ハイレ・セラシエの皇帝らしい堂々とした威厳と風変わりな服装に魅せられた。

そしてロベン島では、様々な場面において自分自身から学ぶこととなったが、マンデラの生涯の友人であり、その賢明さから周りからは「アラー」と呼ばれていたほどのシスルから、他者の視点を取り入れること、ライバルからも合意を得ることを学んだ。

出所後、民主的な選挙で南アフリカ初の大統領に選ばれた後も、マンデラは他の指導者たちから学び続けた。例えばジョージ・ブッシュ（シニア）米国大統領だ。マンデラはブッシュ大統領が世界各国の指導者の一人として自分を認識してくれたことを非常に喜び、名誉に思ったと言い、彼の寛大さを称賛した。またビル・クリントン大統領については、温かい人柄、そのエネルギーと若さを高く評価し、よりカジュアルなリーダーシップが非常に効果的であることを知った。トニー・ブレア英国首相からは国民が指導者の考え方や政策に反対しているときに、指導者が国民に対して十分説明することの大切さを学んだ。

マンデラにとって「リーダーシップの輪」は非常に大切な意味を持つ。それはアフリカの「ウブントゥ」（西欧で言うところの同胞愛）という考え方があるからだ。これは第四章でも書いたとおり、マンデラの考え方、そしてマンデラという人物を深く理解するために大変重要な言葉である。

「ウブントゥ」とはズールー語のことわざ「Umuntu ngumuntu ngabantu」に由来し、「人間は、他の人々の存在を通して人となる」という意味であり、人間は一人では何も成し得ないという考え方だ。ルネッサンス以来、西欧を特徴づけてきた個人主義とは真っ向から対立する考え方であろう。

「ウブントゥ」は、人を集団から独立した個人とみなすのではなく、むしろ他の人々と無限につながる複雑な関係の中の一部とみなす考え方である。私たちは皆互いにつながっており、まず「私たち（we）」があり、その後に「私（me）」が続く。つまり、他の人々から孤立した

「島」のように存在する人間などいないという考え方だ。

マンデラが孫の話をするとき、彼は微笑みながら「あの子は、私の子どもの子どもというだけではないのだ。我々の文化では親戚の子どもは皆、孫だとみなされる」と言った。そんなマンデラにとって、西欧風の縦一本につながった家系図は興味をひくらしい。なぜなら、「ウブントゥ」の考え方では、すべての人間は、一本の大きな木から生まれていると考えられているからだ。

私たちは皆、マンデラとどこかでつながっている。

しかしあくまでも彼は独立した、大いなるものを具現化している存在である。マンデラの経験は、彼固有のものであると同時に、我々にとっても普遍的な意味合いがある。マンデラが私たちの心を震わせるのは、彼が現代におけるリーダーとしてのお手本を示してくれたからだ。どこからともなく現れて容易ならざる挑戦に立ち向かい、大きな試練や悲劇に遭遇し、乗り越え立ち上がり、そして、皆に調和をもたらした。ブッダやモーゼ、ムハンマド、キリストの生涯と同様、マンデラの生き方は我々に多大なる影響を与えてくれるのだ。

他の偉大なリーダー同様、マンデラは人々が信頼を寄せたくなる人物だ。信頼はリーダーシップの基礎となるものだ。私たちは、リーダーに正直で有能で進むべき道を示してくれる存在であってほしいと願う。しかし、信頼とは表面的なものではない。信頼されるリーダーとは、公的な場においても私的な場においても一貫性のある行動をとる人物のことだ。この意味においてもネルソン・マンデラはまさしくリーダーにふさわしい人物である。例えば、マンデラが「ここだけの話だが……」などと陰で人のことを批判するのを聞いたことは一度もない。マンデラは多くの矛盾を内包しているが、偽善を行うことはない。

＊

もちろん、マンデラが常にリーダーとして完璧だということではない。時には、周囲の期待に応えられないこともあるだろう。それに、率直さと謙遜は公の場においては善であるが、それが必ずしも私生活においてはあてはまらないことも彼は知っている。

マンデラにも人間としての欲求がないわけではないし、それをあえて隠しはしないが、可能な限り自制する。マンデラが偉大なのは欠点がないからではなく、自らの欠点を克服したからなのだ。

あるとき、マンデラに「出所後、自分の顔が書かれたポスターやTシャツが国中にあふれていたのを目の当たりにして驚きませんでしたか？　まるで生きた伝説になったような気がしませんでしたか？」と少し冗談を交えて聞いたことがある。

「いいや。ある人間を救世主のようにみなすのは健全ではない。救世主を期待すると待ち受けているのは失望だけだ。リーダーも生身の人間だということを頭に置いておかなくてはならない。私だって皆と同じ人間だということをわかっていてほしい。救世主だなんて期待しすぎだ。英雄だと思うのはいいけれど、伝説はお断りだ」とマンデラは言った。

世界はマンデラをもてはやしたばかりではなく、理想のために想像を絶する犠牲を払った、しかし、温和な老人の微笑みを絶やさない善のシンボルに仕立て上げた。マンデラはいわば黒人版サンタクロースであり、彼の人生は涙を誘うようなストーリーに作り上げられたのだ。しかし、マンデラは英雄であるとしても、単なる善の天使ではない。

生涯においてマンデラは非常に多くの難しい決断を下してきた。中には、不公平な判断、時には、人を傷つけたり、人命を奪う結果になった決断も含まれている。

リーダーには、悪い選択肢しかない場合でも、どちらかを選ばなければならないときがある。リーダーは、いかに善良な人間であっても、時には悪い結果を招くような意思決定をしなくてはならないことがあるとマンデラは知っていたのだ。

その一方で、マンデラは、厳しい決断を下すことと、原則を守り抜くということを両立することができると考えていた。「あるべき姿にふさわしい方法でその目標を目指せ」とマンデラは言い、ガンジーの「あなたが求めているものに、あなた自身がなりなさい」という言葉を引用する。

マンデラは寛大な人間だが、非寛容だけは許せなかった。差別をなくすという目的を達成する手段として、差別を利用することは決してしない。高潔な目的を卑劣な手段で達成してはならない。現実的な手段と、打算的な手段は違うのだ。

現実的なマンデラは、人々から救世主とみられることを拒んだ。謙虚であることを大切にしているというだけではなく、人々が過大な期待を彼に寄せることを嫌った。人々の過大な期待に対して、実際の成果が見合わないという事態を招きたくなかったのだ。リーダーにとって、それは致命的なミスにつながるからだ。

私は「伝説的な人物と英雄は何が違うのか?」と聞いた。「伝説的な人物なんてほとんどいない。そんなものはとても珍しい存在だ。ただ英雄なら、現在の南アフリカには何千人もいる。英雄というのは何かを強く信じ、勇気があり、コミュニティのためなら自分の命さえも危険にさらす人のことだ」とマンデラは言う。

マンデラは自身も英雄であるとの自覚を持っていたが、それは多くの人々のおかげであることを知っている。自らの命を危険にさらしてくれる多くの人々がいたからこそ、マンデラも自分の命を危険にさらすことができたのだ。そして、彼らの声高に語られることのない、今では忘れられてしまった勇気ある行動があったからこそ、マンデラも勇気をもって行動することができたのだ。

勇気とは、今あなたの目の前にあるものだ。マンデラは哲学的な意味において実利主義者であり、触れることができないものは信用しない。長年、どこか高いところにいて見えない存在である神について言及することや依存することを避けてきた。マンデラは、遠くの見えない存在よりも、常に周囲にいる同志に信頼を寄せてきた。

彼は、祈りの時間は持たず、その代わりに、熟考に熟考を重ねて行動に移した。「すべての物事には理由がある」という人に対して、マンデラなら自分たちこそがその理由であり、自分自身が物事を動かす動機であると答えるだろう。「自分の行く末を決めるのは運命ではない。自分自身が決めるのだ」と。

＊

「悔いはない」というのがこの頃のリーダーの決まり文句で、まるで後悔していると認めることは弱さの証だといわんばかりだ。

マンデラには後悔していることが沢山ある。大きな問題については正しい道を選んできた自負があるが、沢山の小さなカーブを曲がり損ねたのは確かなことだ。そして「選ばなかった道」について考えが及ぶとき、彼は一抹の悲しみさえ覚える。

「自分が選んできた道は自分の私生活を犠牲にするほどの価値のあるものだったのだろうか？」最終的には自分の判断は正しかったという考えに至るのだが、それは必ずしも慰めにはならないのだ。

クリス・ハニが暗殺された後、私はマンデラとともに未亡人がいるハニの自宅へ向かった。マンデラは、ハニ夫人と二人だけで話をした後、その場にいた二〇名あまりの人々に向かって「彼女は非常に強い女性だ。しかし彼女の傷は目には見えないものだ。目に見える傷よりも、目に見えない傷のほうが痛みは激しいものだ」と話しかけた。

そのときのマンデラは、まるで自分が痛みを感じているかのようだった。私の目には、マンデラがハニ夫人のことだけではなく、自分のことをも語っているのは明らかだった。

最後のインタビューは週末の朝、ホートンのマンデラ邸で行われた。私はこれまでのインタビューの中で、マンデラから詩的で哲学的な側面を引き出そうとしてきたが、大抵うまくかわされてきた。その日も、なるべく彼の内面を見つめた言葉を引き出そうとしたが、いつものごとく現実的な受け答えしか返ってこなかった。

この日、インタビューも終わりに近づいた頃、マンデラは一瞬沈黙し、窓の外を見ながら、「人は来て、そして去っていく。私も長い道を歩いて来た。そして時が来れば去っていくだろう」と言った。こういうときでさえ、マンデラはとても現実的だった。

インタビューも無事終了し、マンデラが立ち上がったので私は握手をするために彼に近づいた。密度の濃い時間を共有した旅がいよいよ終わりを告げる瞬間だった。

今後、しばらく会えないことはわかっていたので、私は握手をしながらもう一方の腕をマンデラの肩に回した。マンデラは体で感情を表す人物ではないが、私の背中に腕を回しグイと抱き寄せてくれた。私はためらわずにマンデラを強く抱きしめた。マンデラの腕の暖かさに包まれながら、マンデラに私の気持ちが十分伝わっているのを感じ、涙をこらえるのが精一杯だった。

七五歳という高齢にもかかわらず、マンデラは大きくしゃんとしていた。私の脳裏にはマンデラとロベン島で一緒だった身長一六〇センチ弱のエディー・ダニエルのことが浮かんだ。「どうしようもなく落ち込んだとき、マンデラに会い、触れる。マンデラと抱き合えばそれだけで十分に癒され、元気が出て、また生きていこうと思える」と彼は言っていた。

過去数十年の間に、どれほどの人間がマンデラと触れることで慰められ、生きる力をもらっただろうか。そうした何百人、いや何千人もの悲惨な状況にあった人々、恐怖と失望の底にあった人々、そして痛みや死に直面していた人々のことを思った。

マンデラは私の気持ちをすべてくみ取り包んでくれたのだ。長い抱擁の後、マンデラは

「では」と言い、ゆっくりと階段を上って行った。私はマンデラの後ろ姿を目に焼き付けていた。

＊

このインタビュー以降も数年間にわたり、何度もマンデラと会う機会があったが、インタビュー当時のような親密さを感じることはできなかった。あのときと同じような深いつながりをもう一度感じたいと願っている。刑務所でマンデラと最も辛く困難なときをともに過ごした多くの受刑者たちが、収監中に感じていた強いつながりを出所後に失うのと同様、私もあのつながりを失くしてしまったのだ。

何十人もの受刑者たちと話をしたが、彼らが唯一懐かしく思っているものがあるとしたら、それは受刑者番号四六六六四号との親密な、そして強いつながりであった。

私もマンデラと過ごした時間を懐かしく思う。その一方で、それらはある特別な時間と場所の中でだけ生まれた絆であり、二度と取り戻すことはできないものであることを、皆わかっているのだ。しかし、だからといってその絆の力がそがれることはない。私たち一人ひとりが、マンデラのかけらを自分の中に持っているのだから。

マンデラの自伝を書くために一緒に仕事をする中で、私はマンデラという存在を、そして彼の考えを自分の中に取り込まなければならなかった。

「マンデラだったらどうする？」と自分に何度問うただろう。

これは非常に困難なトレーニングのようなものだった。

「マンデラだったら……」と考えるとき、自分が冷静で理をわきまえ、寛大でより良い人間になれたような気がした。このような感覚は徐々に薄れていってしまうものだが、今でも自分の中に残っていると思いたい。

マンデラから学んだ多くのことが、私の中に確かに残っている。そして、同じことが本書を手に取ったあなたの中にも存在し続けてくれることを願っている。

マンデラの人生は、私たちの日常生活とは遠くかけ離れたものではある。しかし、彼の姿は、私たちが人生において大切にしなくてはならない原則や価値観のお手本であり、私たちが困難に立ち向かおうとするときに、必ずや、道しるべとなってくれるであろう。

私とメアリーが結婚する前に、マンデラは「君たちの結婚を祝福するよ。リチャードは私の息子だからね」とメアリーに言ったそうだ。敬愛するマンデラが私のことを「息子」と呼んでくれたことは最上の喜びだ。

そして、マンデラにはこの地球上に何千万もの愛する子どもたちが存在することに私は思いを馳せる。

謝辞

今では私と南アフリカの絆は切っても切れないものになっているが、この本を書くことになったきっかけは、「幸運なめぐりあわせ」だった。

八〇年代の中ごろ、南アフリカの黒人専用居住区タウンシップは激しく混乱しており、一触即発という状態であったにもかかわらず、スーザン・ムルコ、ジャン・ウェナーの二人は、ローリング・ストーン誌の特派員として私を南アフリカに送り込んでくれた。そのときに私が書いた記事は、後にアリス・メイヒューによって編集され一冊の本になったのである。そして、常に寛大なディック・ストーレーが、その本をビル・フィリップスに渡してくれた。

ちょうどその時期、ビルは、ネルソン・マンデラの自伝を製作するプロジェクトに必要なライターを探していた。一晩でその本を読み終えたビルは、翌日すぐに私に電話をくれた。そしてあらがえないほど魅力的な仕事を提示してくれた。ビルは、マンデラの回顧録を担当した一流の編集者であり、そして、私の人生を変えることになる南アフリカへの旅のよき同伴者だった。数年の後、タイム誌の有能な同僚、ロメッシュ・ラツネサル、マイケル・エリオット、ボディ・ゴーシュらが、私に、マンデラ八〇歳の誕生日を記念して彼の特集記事を書かないかと勧めてくれたのだ。

特集記事、および本書を書くにあたり、アフマット・ダンゴール、ベルネ・ハリス、シャム・ヴェンターをはじめとするマンデラセンターの方々の寛大な対応がどれほど助けになったかは計り知れない。さらに、マンデラと長い間刑務所生活をともにした偉大なるアーメット・カタラーダの存在は非常に大きいものだった。彼の本質を見抜く力と友情がこの本に温かみを与えてくれた。私のエージェント、ジョイ・ハリスは、常にそばにいて無条件で私を支えてくれた。そして、私が全面的に信頼を寄せているアシスタント、トスカ・ラボイは様々な局面で私を支えてくれた。

本書を書くにあたって、地球上でもっとも美しい場所を提供してくれ、それ以上に、深い友情をあたえてくれた、クリスとプリシラ・ウィットル夫妻にも感謝をしたい。

私の上司であるジョン・ヒューイは、本書の執筆を熱心に支えてくれた。そして、リーダーシップについて大いなるインスピレーションを与えてくれた。本書は、タイム誌のアリ・ゼレンコをはじめ、ベッツイー・バートン、ダニエル・カイルからなる広報部の素晴らしいチームの仕事によるところが大きい。レイチェル・クライマンは、細部にこだわる繊細さを持つ編集者で、彼女のおかげでこの本がさらに素晴らしいものになったと言っても過言ではない。彼女とはいつかまた仕事をしたいと思っている。ジェニー・フロスト、ティナ・コンスタブル。彼らからも多くの協力を得た。宣伝に関しては、ペニー・サイモンが力を発揮してくれて、クラウン社一丸となってプロジェクトにあたってくれた。

そして、私の南アフリカとの永遠の絆の証である妻、メアリーにも感謝の言葉を捧げたい。この本を書くにあたって彼女こそがインスピレーションの源泉となってくれた。

最後に、私の息子たち、ガブリエルとアントンにこの本を捧げたい。

「ここには、あのおじいさんの知恵がたくさん詰まっているんだよ」

［著者］

リチャード・ステンゲル
Richard Stengel

ニューヨーク生まれ。1977年プリンストン大学卒。ローズ奨学生として英国オックスフォード大学で歴史と英語を修める。タイム誌のライター兼編集者となり、文化、政治デスク、タイム・ドット・コム編集長、政治問題主任などを歴任。2006年からは同誌編集長を務めた。政治コメンテーター、プリンストン大学講師、元民主党大統領候補ビル・ブラッドレーのアドバイザー兼スピーチ・ライター、『ニューヨーカー』『ニューヨーク・タイムズ』への寄稿など、幅広く活躍している。マンデラとは公私ともに深い付き合いがあり、自伝『自由への長い道』を編纂、ドキュメンタリー映画「MANDELA」をプロデュースした。

［訳者］

グロービス経営大学院
Graduate School of Management, GLOBIS University

社会に創造と変革をもたらすビジネスリーダーを育成するとともに、グロービスの各活動を通じて蓄積した知見に基づいた、実践的な経営ノウハウの研究・開発・発信を行なっている。

グロービスは、以下の活動を通して、社会の創造に挑み、変革を導く。
●グロービス経営大学院（経営大学院／東京・大阪・名古屋・仙台・福岡）
●グロービス・コーポレート・エデュケーション（法人向け人材育成事業／日本・上海・シンガポール）
●グロービス・キャピタル・パートナーズ（ベンチャーキャピタル事業）
●グロービス出版（出版事業）
●オンライン経営情報誌「GLOBIS.JP」（経営情報サイト運営事業）
●コンファレンス運営（G1Summit ／ G1Global ／ G1Executive）

http://www.globis.co.jp/

［監修］

田久保 善彦
Yoshihiko Takubo

グロービス経営大学院経営研究科研究科長。慶應義塾大学理工学部卒業、同大学院理工学研究科修了。スイスIMD PEDコース修了。株式会社三菱総合研究所を経て現職。グロービス経営大学院及び企業研修におけるリーダーシップ開発系・思考科目の教鞭を執る。著書に『ビジネス数字力を鍛える』、『社内を動かす力』（以上ダイヤモンド社）、共著に『志を育てる』（東洋経済新報社）、『MBAクリティカル・シンキング コミュニケーション編』、『日本の営業2010』、『全予測 環境&ビジネス』（以上ダイヤモンド社）、『21世紀日本のデザイン』（日本経済新聞社）等がある。

［翻訳メンバー］

大黒 千晶
Chiaki Okuro

1章、3章、4章、5章、6章、7章 担当
株式会社e4b代表取締役。グロービス・マネジメント・スクールGDBA東京3期卒業。大学卒業後、通訳学校で学び大手通信会社にて社内通訳を行いフリーランスにて会議通訳を3年。現在はグローバルに活躍できる人材を育てる株式会社e4bを設立し、仙台を拠点にグローバルに活躍できる人材を育成するための活動に従事する。

髙木 和子
Kazuko Takagi

序章、2章、10章、11章、謝辞 担当
有限会社インタースペイン代表取締役。グロービス経営大学院大学(MBA)在学中。大手損害保険会社勤務の後、スペインへ渡る。マドリードにて法人銀行の駐在事務所勤務、スペイン語ビジネス通訳等を経て97年起業。「経営におけるリーダーシップとコミュニケーションの役割はなにか」を自身の課題として日々研究中。

古川 亜希子
Akiko Furukawa

8章、9章、12章、13章、14章、15章、マンデラからの贈り物 担当
大学で日本語教育を専攻し、国内の日本語学校や海外の大学にて教鞭を執る。その後、会議通訳者としてフリーランスに。グロービス・マネジメント・スクールのリーダーシップ、人材マネジメントなどのクラスに感化され、約10年間のフリーランスに終止符を打ち、メーカーの人事に転職し現在に至る。

● 英治出版からのお知らせ

本書に関するご意見・ご感想を E-mail（editor@eijipress.co.jp）で受け付けています。また、英治出版ではメールマガジン、Web メディア、SNS で新刊情報や書籍に関する記事、イベント情報などを配信しております。ぜひ一度、アクセスしてみてください。

メールマガジン：会員登録はホームページにて
Web メディア「英治出版オンライン」：eijionline.com
X / Facebook / Instagram：eijipress

信念に生きる
ネルソン・マンデラの行動哲学

発行日	2012年 9月30日 第1版 第1刷 2023年 11月10日 第1版 第9刷
著者	リチャード・ステンゲル
訳者	グロービス経営大学院
発行人	原田英治
発行	英治出版株式会社 〒150-0022 東京都渋谷区恵比寿南 1-9-12 ピトレスクビル 4F 電話 03-5773-0193 FAX 03-5773-0194 http://www.eijipress.co.jp/
プロデューサー	山下智也
スタッフ	高野達成 藤竹賢一郎 鈴木美穂 下田理 田中三枝 平野貴裕 上村悠也 桑江リリー 石﨑優木 渡邉吏佐子 中西さおり 関紀子 齋藤さくら 荒金真美 廣畑達也 木本桜子
印刷・製本	大日本印刷株式会社
装丁	長坂勇司

ISBN978-4-86276-141-5 C0034 Printed in Japan